AF308009

Lebensbeobachtungen

Gedichte

von

Tibor Bergmann

Der Autor :

Tibor Bergmann geboren 1967 in Hildesheim.
Kontakt E-Mail : ber.gv40@gmx.de
Internetseite :
www.tibor-bergmann-lyrik-parisinfo.de.tl

© 2020
Herstellung und Verlag: BoD – Books on
Demand, Norderstedt
ISBN: 978-3-7519-0753-8

Tibor Bergmann

Lebensbeobachtungen

Gedichte

Hildesheim
Juni 2014

Für meinen Großvater

Edgar Bergmann

der diese Gedichte niemals lesen konnte

Abgewiesen

Die Tannenzapfen fallen herunter
Einsamer Genuss der Natur
Vom Sommer bleibt nur die Erinnerung
Lagerfeuer am Strand
Keinen will man sehen
Überflüssige Gesten
Der Held versteckt sich
Abgewiesen
Auf den Wellen reiten
Sicherer Strand
Zu starke Strömung
Das Chaos der Tage
Aus dem Paradies verjagt
Ein Feuerwerk zum Abschluss
Verlorene Sicherheit
Abgewiesen
Die kalte Jahreszeit kommt
Niemand zum Wärmen
Kantinenessen
Wann fasse ich wieder Mut ?
Kehrtwendung
Bis zur Hochstimmung zeit

Alleine mit sich selbst

Warum sehen wir die Sterne am Firmament?
Ist dieser Moment so kostbar
und kann ein Leben bereichern?
Arbeit und Beruf treten in den Hintergrund
Geburt und Schöpfung drängen sich auf
Die Geräusche der Stille schmerzen
Die Unruhe in Person wird kommen
wenn man die Ruhe nicht gewöhnt ist
Besinnlichkeit ist ein Zauberwort
Wenn wir alleine sind
Nehmen wir uns Zeit für die kurze Einsamkeit
die so nötig ist
Liebe Freunde kann man jetzt nicht brauchen
Oftmals ist der Monolog nicht möglich
Aber versuchen wir es
Wenn wir alleine sind

Alles auf den Scheiterhaufen

Die Zukunft schlittert
Halten wir uns fest
Bekämpfen wir die Ungerechtigkeit
Zünden wir das Feuer an !
Augen öffnen
Neid und Zwänge
Alles auf den Scheiterhaufen
Lacht den neuen Tagen entgegen
Nur ein Versuch
Schwarze Asche
Keine Garantie
Zerstören und aufbauen
Alles auf den Scheiterhaufen
Warmes Licht erhellt den heißen Ort
Das Feuer brennt weiter
Die Seele springt
Abgebrannte Elemente
Eine schöne Geschichte
Wunschträume
Scheiterhaufen

Alles fängt wieder von vorne an

Die Wünsche werden nicht real
Langsames Herz
Alles fängt wieder von an
Gedanken wie Blei
Schlechtes Lachen
über die eigene Dummheit
Ein neuer Zeitabschnitt
Der Kopf hört nicht auf zu brodeln
Ein Kummer der Interpretation
Serpentinen des Alltags
Seelengeschäfte
Das könnte ein Leben ausmachen !
Ein bedeckter Himmel über dem Kreisel
Jahrmarkt jedes Jahr
Alles fängt wieder von vorne an

Alles in bester Ordnung

Spielt mir ein lustiges Lied
denn ich will bis ans Ende der Welt
Der Schwan ist nicht mehr auf dem See
Verhängnisvolle Erfahrung
Aber mich öffnen sich neue Horizonte
voll frischer Klassegirls
die nächsten Winter lang
Alles in bester Ordnung
Positives Denken in der Fremde
Plötzlich bin ich weg
Sie wird über den Verlust hinwegkommen
Alles in Butter
Ihre Langzeitreise von früher
bescherte mir das selbe Elend
Alles in bester Ordnung
Warum sollte man nicht so denken
Wenn alles vorbei ist

Alles will ich dir sagen

Viele Fehler habe ich gemacht
doch wenig gelernt
Auch wenn es ein Fehler ist
nichts anderes zu tun als dich zu lieben
so weiß ich doch das du
mir hilfst durch den Alltag zu gehen
Ich liebe dich und alles will ich dir sagen
aber ich weiß nicht ob es in Ordnung ist
alles will ich dir zeigen
obwohl alle gegen dich sind
Nun gut ich werde nichts sagen
alles fällt zusammen
weil du mit einem Anderen gehst
Alles ist vorbei
Nichts werde ich sagen

Alltagsgedanken

Ich stehe auf
kämpfe für die absolute Freiheit
Wo ist der Ort wo andere Menschen
nicht hinkommen können
Wo ist die Unendlichkeit des wahren Weges
auf dem Scherben die Welt bedeuten
Der Kalender ist das Grauen des Alltags
Rollenspiele gegen das Alter
sind noch nicht nötig
Ich schreie die Gefühle heraus
doch keiner hört zu
Täglich sind die Orgeln des Todes nicht weit
Die Liebe als Sport im Fernsehen
der Kanal ist bald voll
Was habe ich bloß für Gedanken
wenn ich alleine bin
Kann ich mich jeden Tag fragen
     Alltagsgedanken

Am Ende eines Tages

Einsames Licht
Viele Fragen zerstören die Nacht
Wie wird es die nächste Zeit sein
Wunsch nach gutem Schlaf
Die Augen fallen zu
Gedanken werden schwächer
Müdigkeit überwiegt
Hoffentlich wird es eine lange Nacht
Nun hört man die Stille
Alles versinkt in Dunkelheit
Am Ende eines Tages

An diesem Tag

Müde bin ich
enttäuscht von mir
das bin ich heute
an diesem Tag
Nichts gelingt mir
Hoffnung gibt es keine
an jenem Tag
Keiner kann mir helfen
Ängste in der nächsten Zeit
Das Jahr hat neu angefangen
alles ist beim Alten geblieben
Ich habe das Spiel nicht gelernt
an jenem Tag
an dem es so wichtig war
Nun ist alles sinnlos
nichts ist mir geblieben
Ich mache alle nur Kummer
kann nicht schlafen
nicht nur am heutigen Tag
Vielleicht irgendwann
hab ich das Schicksal überholt
und die Zukunft kommt
mit Glück und Geborgenheit

An einem deprimierenden Tag

Die Erde ist nur ein Sandkorn
im Universum der Lüste und der Tode
Die Lebewesen sind die Lupe
damit die Erde größer erscheint
Man ist gefangen
Einen Ausweg gibt es nicht
Krieg und Verschmutzung
sind unberechenbar und unendlich
Die Zeit vergeht schnell
Wir gehören der Zeit und nicht umgekehrt
wie sonst alles
Wir machen vieles kaputt
An einem deprimierenden Tag

Andere Eindrücke von Städten

Ein Mann mit einer vom Schmutz
zerfressenden Hose schläft im Dreck
Ein Mann mit offener Hose
geht lachend durch die Stadt
Schlechte wimmernde Musik
in der U-Bahn
Andere Eindrücke einer Stadt
Männer zum Stehen bereit
stehen am Römertor herum
und warten auf uns
Anonyme Mitbürger
ohne ehrliches Lachen
in einer bunten Stadt
Andere Eindrücke dieser Stadt
Im wunderschönen Licht
erscheint auch das Schlechte
wenn man weiß wie man es erkennt
Andere Eindrücke vieler Städte

Auf den Punkt gebracht

Wir drehen uns im Kreise
Die eigene Meinung über etwas kann man
sich kaum noch machen
Was sollen wir eigentlich noch tun?
Es ist doch schon das Leben vorgegeben
ein Ausbruch ist doch fast sinnlos
Unüberwindbare Gegensätze zwischen
Wunsch und Realität
Träume als Überbrückung der Absurdität
Mittelweg hindurch zwischen Gott und Kapital
Was erwartet uns noch?
Unruhige Seelen in einer Wunderwelt
Alles ist für das neue Jahrhundert gepackt
    Auf den Punkt gebracht?

Auktion der Eitelkeiten

Feste und Partys
auf denen man sich sehen
lassen muss
Wer sollte heute mein Begleiter sein
Eintönige Unterhaltung
Man darf sich nicht gehen lassen
Lach über Witze
die langweilig sind
Unbeobachtet auf die Uhr schauen
Am falschen Ort
An diesem Abend
Herausgeputzt
Herz pocht bis zum Weltuntergang
Die Früchte gibt es woanders
Theater der Eitelkeiten

Aus der Geschichte gelernt ?

Wir haben eine lange Geschichte
Kriege pflastern den Weg
Kunst und Kultur machten die Runde
Religionen breiteten sich aus
Krankheiten kamen und gingen
Menschen und taten machten Geschichte
Haben wir aus der Geschichte gelernt?

Hass ist wieder vorhanden
Werte werden mit Füßen getreten
Geld und Gewinn werden wieder Trumpf
Wir können uns selber vernichten
wissen was dies für Folgen hat
Können wir aus der Geschichte lernen

Auserwählte Emotionen

Die tiefe Stille ist verschwunden
Sprudelnde Gespräche
Die Umgebung verliert ihre Farbe
Aufgewühlte Emotionen
Die Haut steht unter Strom
Es gibt keine Müdigkeit mehr
Visionen der Liebe
Interpretationen banaler Gesten
Ewige Treue der einzige Wert
Aufgewühlte Gefühle
Freier Fall ins bodenlose Fass
Wanderer im Sturm
Wilde Ideen
Die Seelenkraft verliert sich schnell
Ehrliche Spielereien
Keine Grenzen
Die Rakete hat ihre Aufgabe erfüllt
Auserwählte Gefühle zusammengefasst

Ausgelaugt

Schlaffe Körper
Geistige Müdigkeit
Unterhaltung mit tiefen Augenlidern
Eine Welt für sich
Worte kreisen
Kein festhalten
Ausgelaugt
Ohne Vorfreude
aufs Wochenende
Ruft sie noch einmal an ?
Vorahnungen
Gegenwind
Ausgelaugt
Tiefe Seufzer
Trotzdem war es schön !
Eine neue Zeit ist die Batterie
Schon wieder !

Benebelt durch schöne Stunden

Die Stimme bleibt stumm
Geschriebene Worte
Alles ausdrücken
Benebelt durch schöne Stunden
Interpretationen
Das Herz kennt eine neue Sprache
Anderer Puls
Selbsterkenntnis
Gedanken kreisen
Erlebnisse
Vom Tal zum Berggipfel
Benebelt durch schöne Stunden
Die Lächerlichkeit vergibt einen Preis
Die Ohren wollen nichts hören
Der Mut fehlt
Tränen des Humors
mit einer starken Frau
Ein Sieg im Finale ?
Warten wir es ab !
Schöne Stunden gehabt

Bin ich bekümmert ?

Unsere Liebe war nie richtig
Es war eine Zeit voller Tränen
Nun ist alles vorbei
Meine Tränen fielen jeden Tag
Doch jetzt nicht mehr
denn wir spielten das ewige Spiel
Nichts ist geblieben so scheint es
bis auf die Luftschlösser und die Wunden
einer glücklichen Zeit
Eins steht fest
der Stolz wurde verletzt
Frischer Wind weht von draußen herein
Es ist an der Zeit zu gehen
Wen kümmert es jetzt
      Ich war bekümmert !

Bittere Monologe

Durchgefallen
Schreckliche Gewißheit
Langer Weg zum Ausgang
Bloß schnell weg !
Bittere Monologe
Rückfahrt ins Ungewisse
Suche nach Fehlern und Gründen
Stechende Vorwürfe
Schlechter Tag
Gescheitert
Gestecktes Ziel nicht erreicht
Alles umsonst ?
Bittere Monologe
Quälende Selbstzweifel
Der Körper verschwindet
im Loch der Ängste
Wann kommt der Stolz zurück ?
Ein neuer Versuch
Man erhebt sich wieder
Horizont des zweiten Versuchs
Harte Erkenntnis
Ein Sieg wäre schön !
Bittere Erfahrungen

Bleiben wir so wie wir sind

Immer wird uns gezeigt
das wir uns ändern sollen
oder das wir nichts besonderes sind
Lieben wir uns so wie wir sind
Die Werbung zeigt uns
das wir keine Ahnung haben
und immer die falschen Entscheidungen treffen
Der Staat bevormundet uns
stellt dar das wir die falsche Meinung haben
Wir lassen uns sehr stark beeinflussen
Bleiben wir so wie wir sind
Der Instinkt wird uns leiten
das Richtige zu tun
Die Anstrengungen die nötig sind
geben uns die Kraft
uns selbst zur Seite zu stehn
Bleiben wir so wie wir sind

Blinde Wut

Wut auf Unfähigkeit
Keine Einsichten
Höhere Instanzen
Ich steh allein
so scheint es
Aufgestaute Wut
Es funktioniert nicht viel
Gewissensbisse
Vulkanausbrüche
Kraft verbrauchen
durch unaufhörliches Lachen
Blinde Veränderung
Noch gibt es genug Jahre
Ziele zu erreichen
Nach der Ebbe kommt die Flut
Abflauende Wut

Boulevard der Illusionen

Weiße Wände
geheimnisvoll besprüht
Jede Ecke verspricht Glücksspiel
Große Gewinne
Große Verluste
Kahle Bäume neben künstlichem Grün
Wilde Dinge befinden sich
in teuren Geschäften
Boulevard der Illusionen
Gehen wir weiter
Bilder der Liebe
neben Engeln an der Dachrinne
Jahre vergehen
Winter und Sommer gleichen sich
Pech und Glücksspiel
Gehen bis zum Ende
Schöner Schein
Boulevard der Illusionen

Brasserie Lipp

Mit Tradition behaftet
und leider etwas teuer
aber am richtigen Ort
um Leute zu beobachten
Mit Spiegeln versehen ist dieser Platz
und man trifft hier viele Menschen
Fragen werfen sich auf
hier saßen und aßen
viele berühmte Künstler
die Liste ist lang
Man kommt sich selber
wie ein Künstler vor
Ich halte den Augenblick fest
denn die Zeit vergeht schnell
die Hoffnung auf ein Wiedersehn bleibt

Bummelndes Leben

In der Stille des Windes
hört man die Stimme
eines weinenden Mannes
Sturzbäche der Gefühle
an die hellrote Frau
Der Spassmacher lässt kein gutes Haar
Keine Kommunikation
Liegen auf dem trocknenen Rasen
Livemusik im Hintergrund
ein Wochenende lang
Die Sonne brennt
Der Wein sagt nicht die Wahrheit
Was mache ich hier nur ?
Verbummeltes Leben
leiste ich mir

Bürgerkrieg

Schwarze Gestalten
mit mörderischen Waffen
Jeder Tag trägt ein bestimmtes Gesicht
Daran muss man immer denken
Wir dürfen nicht vergessen !
Was steht vor unserer Tür ?
Kämpfe zwischen Nachbarn
Man bekommt weiche Knie
Jeder will das Recht auf seiner Seite haben
Ohnmacht der Politik
Menschlichkeit sofort
Gegen den Hungertod
und die Einsamkeit
In jedem Krieg

Das Herz hat sich befreit

Schwere Ketten im Zentrum des Blutes
Kalter Stein in Herzform
Betäubtes Bewusstsein seit der Pubertät
Das Herz hat sich befreit
Ein Treffen gab den Ausschlag
Keine reelle Chance mehr
Kummer bleibt weg
Nur Erleichterung
Freiheit des Herzens
Kein Halt am Liebesbahnhof
Das Herz hat sich befreit
Tage ohne Melancholie
Es ist vorbei
was sich in Jahren aufgebaut hatte
Das Herz ist frei für neue Reisen
Schritte nach vorn
Das Gemüt dankt dem Kopf
Der Leib ist aus dem Gefängnis geflohen
Das Herz hat sich befreit

Das Herz ist ein Quälgeist

Der Narr sieht sich im Spiegel
Zermürbende Erkenntnis
Seine Liebe war ein schmutziges Spiel
Schafskälte
Jahrelange Beziehung gegen die Gefühle
Das Herz ist ein Quälgeist
will von Wahrheit nichts wissen
Emotionen im Kreisverkehr
Die Wünsche sind zerrissen
Suche nach Auswegen
Im Stillstand
stürzt die Brücke ein
Die gleiche Frau
Kämpfe unter dem selben Himmel
Wilde Begegnungen
Schnelle Suche
Neue Beziehungen
Flucht in die Sonnenstrahlen
Reifer geworden
Vom Quälgeist eingeholt
Gefühle mit schlechten Aussichten
Das Herz kann gemein sein

Das Herz kann schreiben

Salzige Vollkommenheit
Jeder Engel singt sein Gedicht
Was geschah mit Marie?
       Das Herz kann schreiben
aber es weiß nicht wohin!
Die Tränen bringen die Regenzeit
Die Uhr geht richtig
Wer passt auf mich auf?
       Das Herz kann warten
Tanzende Kinder erheben sich zum Gipfel
       Das Herz ist ein Tänzer
findet aber keine Partnerin
Keine Position ist normal
Straßenkreuzer fließen durch die heißen Nächte
Sendet mir die ewige Liebe!
       Das Herz ist ein Träumer
denn irgendwo lauert Sie
unerwartet trifft die Liebe herein
       Das Herz kann schreiben
und weiß nun wohin

Das Herz klopft an die Hintertür

Der Hund will den Knochen nicht
In der Geborgenheit der Stille
hetzt die bebende Seele zur Niederlage
Gebt mir eure Hand
denn der Sumpf kommt näher
Mein Name wird gerufen
von den Rittern der Orkane
An die Tür klopft die Poesie
wieder ein kurzes Wochenende lang
Das tiefste Gefühl bleibt verborgen
bis auf dreimal im Jahr

Das Herz klopft an die Hintertür

Die unbewusste Sonne lebt ein grausiges Spiel
Die Schatten bekommen Gesichter
für eine kurze Nacht
die sich selbst verkürzt
Dann wird sich das Herz wieder zurückziehen
Die Träume werden intensiver
bis der Abgrund unter der Hängebrücke
im Nebel auftaucht

Das Herz klopft an die Hintertür

Das alte Schloss ist verrostet
Der Schlüssel ist verbogen
Dunkle Stimmen dringen durch das Fenster
Verschlossene Zimmertür

Das ist mein Schicksal

Unerreichbar an einer anderen Hand
ist sie die ich liebe
Bald schon verliere ich sie aus den Augen
denn sie läuft in den Hafen ein
So war es immer
so wird es bleiben
Niemand kennt meine Gefühle
weiß was ich denke
Es ist auch gut so
Gestern habe ich gehört
das alles nur ein Gerücht gewesen sein soll
Es lohnt sich nicht so weiterzumachen
die Trübsal muss aufhören
entweder zerplatzt das Gerücht
oder die Gedanken Träume Hoffnungen
müssen verschwinden
Das ist mein Schicksal
Auf ein Neues

Das Tier im Menschen

Seit einiger Zeit
schlummert es
Als hätten wir es fast besiegt
Ein großer Irrtum des Jahrhunderts
Wir zeigen uns in heutigen Kriegen
Das Tier ist wieder da
Aufrechte Personen
zermürben sich zur Verzweiflung
Verhandlungen werden zum Witz
Das Tier kommt an die Macht
in einigen Ländern
Das ist so
Es kann morgen so bleiben
Kämpfen wir jeden Augenblick

Das wird der richtige Weg sein

Suchen nach Zärtlichkeit
in einer Welt voller Hass und Krieg
Wir suchen nach dem richtigen Weg
um die wahre Liebe zu finden
um nach dem Sinn des Lebens
Heute ist Heute
Morgen ist Morgen
Der Tag wird kommen wo die Gerechtigkeit
siegt und die notleidenden Menschen
geholfen werden kann
Wir leben uns leider immer mehr auseinander
statt zusammen zu stehen
und miteinander die Probleme zu lösen
Wenden wir uns zum Gegenteil
Das muss der richtige Weg sein
Die Zeit die uns bleibt
muss uns verbinden
Das wird der richtige Weg sein

Der Clown lacht nicht mehr

Jahrelang den Idioten gespielt
Die Torten flogen
Am Rande der Realität
Schwere Wanderungen des Körpers
Er stand im Mittelpunkt der Kinder
Jubelndes Inferno
Doch der Clown lacht nicht mehr
Aufgesetzte Heiterkeit
fiel dem Zuschauer nicht auf
Eingezwängte Unterhaltung
Der Clown will nicht mehr
kann nicht mehr lachen
Unehrlichkeit belastet seine Seele
Jede Vorstellung eine Wiederholung
Ungewollter Opfergang
Der Clown will gehen
packt seine Sachen
Letzter Auftritt vor den Kindern
Leichter Gang
zu einem Ort des eigenen Friedens
Verändert will er zurückkommen
seinen Platz wieder einnehmen
Der Clown wird wieder Lachen

Der Geschichtenerzähler

Wir sind um ihn versammelt
verfolgen gespannt seinen Worten
Sein Gesicht untermalt die Fabeln
Poesie der Vorstellungskraft
Hände bilden Gegenstände
Phantasie der Kräfte
Innere Bilder
wie Kinofilme
Lebendige Geschichten
Die Bewegungen werden schneller
Handlung nah am Höhepunkt
Glückliches Ende
Müde Helden
Tobender Beifall
Der Erzähler verneigt sich
Geschichten sterben nie aus
Morgen sollten wir uns versuchen
Eigene Erzählungen
Neue Reisen

Der moderne Mensch

Pflichtbewusst und mit der Technik vertraut
fährt er unbewusst durch das Leben
Auf seinen eigenen Füßen
sieht man ihn kaum noch
Mehrmals im Jahr ruiniert er
durch seine Reisen regelmäßig die Natur
oder verändert die durchreisten Länder
Egal wo er hinkommt
ist er in der Überzahl
Nach dieser Beurteilung
stellt sich nur eine Frage:
Wo bleibt die Menschlichkeit?
    Der moderne Mensch

Der Schatz der Zuversicht

Tief im Kopf der Menschen begraben
zeigt er sich nicht immer
wenn er nötig ist
Der Schatz der Zuversicht
In jeder Person vorhanden
Die Schatzkarte verschwunden
Probleme belasten
Wo ist die Kraft uns aus dem Tal zu führen ?
Schatz der Zuversicht
Wer hebt ihn ?
Intoleranz der Ideologien
Schall und Rauch sollen verschwinden !
Glauben wir fest an das Gute
Goldiger Schatz der Zuversicht
bleib mein ständiger Begleiter
bis zum Moorbad des Endes

Der Schrei in mir

Kein liebendes Wort kommt über die Lippen
Nichts wird der Lächerlichkeit preisgegeben
Der Tag beginnt mit der Normalität
einen reinen Herzens das geheim bleibt
Banale Gespräche über die Welt
Es gibt kein Fenster
um in den anderen Menschen zu sehen
Man sitzt zusammen mit einem wundervollen
Mädchen aber der Mut macht keine Sprünge
Die Wünsche sind gefesselt
Es fehlt die Ursprünglichkeit
der totalen Empfindung
Alle mögen das Girl alle lieben Sie
doch an letzter Stelle steht man selbst
Der Schlafwandler geht durch die Einsamkeit
Warum soll etwas beschrieben werden
wenn der Sinn nicht klar ist
Dabei verschwindet man so schnell
denn der innere Schrei wird verfolgt
Die Angst tötet den Geist der Liebenden
     Der Schrei ist in mir

Der Tag soll endlich vergehen !

Situationen vorausgeahnt
Dem Schicksal total ergeben
Lächerlicher Auftritt
Heute ein Hofnarr
Der Tag soll endlich vergehen
Tränen unterdrücken
Kein Aufschrei
Blick zur Uhr
Immer die gleiche Geschichte
Der Abend soll endlich verschwinden
Die Zeiger bewegen nur langsam
Das Blut fließt schnell
Fahrt nach hause
Die Gedanken sind leer
Mitternacht daheim
Neues Hoffen
auf das nächste Wochenende
Der Tag ist endlich vergangen

Der Verlauf der Liebe

Gestern war ich noch bei dir
Heute nicht mehr
denn ich habe ein anderes Mädchen gefunden
Ich bin wie ein verliebter Hirsch
denn ich liebe das Mädchen
obwohl ich es nur einmal gesehen habe
Sie ist das Girl meiner Träume
meine Queen die mich in ihren Bann zieht
Ich habe das Supergirl heute wiedergesehen
habe es angesprochen
von meiner Liebe erzählt
Sie hat gelacht
und ich bin weggegangen
keine Enttäuschung hat sich gezeigt
denn später werde ich es noch mal versuchen

Der Wachturm

Mitten im grünen Land
steht ein Turm
er überwachte früher die ganze Umgebung
ließ keine Freiheit zu
Doch heute ist er baufällig
steht kurz vor dem Abriss
Am Tag X kamen die Bürger
und zerstörten die Einrichtung
die Funktion war außer Kraft gesetzt
Ein Mahnmal wird es nicht mehr
die stehen woanders
Aber als ein Beispiel
für die Erringung der Freiheit des Volkes
könnte er stehen bleiben
Die Natur sorgt dafür
das der Turm überwuchert wird
und den Kampf verliert
Irgendwann ist nichts mehr zu erkennen
Von meinem Wachturm

Der Wahnsinn der Welt

Man lebt in seinen Vorstellungen
Möchte anders leben
Wenn man kein Geld hat
erscheint man als Versager
Der Wahnsinn der Welt
Man hat zu funktionieren
Man ist nicht man selbst
Fremdbestimmt
Leer
Verwalteter Globus
Halt mit einer Kette
Unsichtbare Schnüre
Wahnsinn der Welt
Optimismus gesucht
Zu etwas gebracht
Gute Antwort ?
Es ist der volle Wahnsinn !

Der Zug fährt aus dem Tunnel

Die Dunkelheit war ein schlechter Begleiter
Wir konnten nicht schlafen
Der Schrei
durchbrach die Finsternis nicht
Wahnsinniger Zusammenhalt
Der Zug fährt an
Wir springen auf
Der Zug rollt aus dem Tunnel
Alles wird zurückgelassen
Die Hand der Liebe zieht mich in den Waggon
Unsichtbare Schienen
Vertrauen
Das Licht am Ende
beißt den neuen Blick
Warme Adern
Tunnel der Vergangenheit
Wir brauchen keinen Lehrer mehr
Im Licht springen wir ab
Hand in Hand
Der Zug fährt weiter
die Blinden warten schon

Die abgezählte Zeit

Orte des Schmerzes verschwinden
Die Glückseligkeit kommt schnell
Der Mensch lebt auf
Ausgehen und diskutieren
Zeiträume der Freude
in verqualmten Kneipen
Die abgezählte Zeit
in einer hellen Nacht
Reelle Traumdeutungen
Stille Hetze der Emotionen
Glück ist die beste Tankstelle
Die abgezählte Zeit
frisst die gute Aussicht auf
Wege durch kalte Alleen
ohne den Schlag der Liebe
Zyklus der Zuneigung
Die abgezählte Zeit

Die alten Erinnerungen

Die Erinnerungen sind fast verschwunden
doch keine ist klar
Bitte komm zu mir zurück
Ich bin verbittert
aber das kannst du nicht verstehen
Ich will Dich vergessen aber es ist unmöglich
Das Herz macht nicht mit
Oh Mädchen komm zurück zu mir
denn die Rechnung ging nicht auf
Ich weiß Du willst es nicht
aber ich flehe Dich an
Die Erinnerungen die noch da sind machen mich
krank
Doch Dir ist das egal
So gehe ich nun ins Ausland
wo ein anderer Wind weht
um Dich zu vergessen
    Die alten Erinnerungen

Die Angler und der Fluss

Der Menschenfluss zieht durch die Stätten
des ewigen Warenverkaufs
Freitag ist Stichtag
Eine Gruppe von Anglern zeigt Gewalt am Menschen
mit Plakaten auf
Die Rute wird ausgeworfen
mit einem Köder aus Papier
Dort ein Fang
Oft gar nichts am Haken
Dieses Tun ist aber nicht hoffnungslos !
Mit jedem Erfolg
eines Bürgers dieser Stadt
verliert der Fluss
seine Urgewalt
Die Gleichgültigkeit wird schwerer
Das Leben ist grausamer de je
doch die Steine kommen ins rollen

Die Angler und der Fluss

Die Beichte

Wir sehen das Elend
nur aus den Medien
Wie können wir da wirklich mitfühlen ?
Alles ist so weit weg
und kommt nicht wirklich zu uns
Ist das ein Fehler so zu denken ?
Wir sollten froh sein
Es geht uns gut
Beschreiben vermögen wir die Geschehnisse nicht
Auf einen neuen Tag
für seichte Unterhaltung im Fernsehen
Volksverdummung
Sollten wir uns schuldig fühlen ?

Die Fesseln sind gelöst

Eine lange Vorbereitung
Ein Treffen von Menschen die helfen wollen
Gespräche von Erfahrungen und Projekten
Es wird klar
Die Fesseln sind gelöst
Das Herz wird leichter
Hoffnungen und Menschen
kommen sich näher
Die Sinnlosigkeit ist vorbei
Die Hilfe ist kein Tropfen
Der Stein wartet
Die Fesseln sind gelöst
Neue Vorstellungen
Die weiße Taube fliegt wieder
noch vor dem Winter
Glückliche Reise zu den Bedürftigen
denn die Fesseln sind gelöst

Die große Unruhe

Nach langer Zeit ist nun etwas neues
in mein Weltall gekommen
voller Kraft und Intensität
vereinnahmt von einem großen Wunsch
mit ihm zeigt sich ein völlig neuer Tagesablauf
Das Feuer ist entzündet
Die Wörter bekommen Gewicht
Sind wir die Auserwählten
mit den spitzen Federn in den Händen?
Erbarmungslosigkeit vermählt sich
mit der schwarzen Seite der Macht
Keiner wagt sich mehr auf die Straße
Wo ist die Stimme der sprachlosen Menschen ?
Die neue Zeit des Friedens naht
Informationen über Grausamkeit
Und täglich unglaubliches Unheil
Die Energie muss sich jeden Tag erneuern
Sie endläd sich sehr schnell
Ein Leben lang
    Die große Unruhe

Die große Verfolgung

Schaut hinauf zu den Bergen
wo die Ritter die Zeit bewachen
Verfolgt ihren Herzschlag bis zum Gong
der das Blut in den Adern kochen lässt
Folgt nun den Rittern ins Wunderland
Stellt keine Fragen nach dem Weg
Vertraut auf die Torheit
dann kommt ihr ans Ziel
Die Torschlußpanik wird dann wie weg sein
Nach Jahrzehnten des Hungers
und der Gemeinsamkeit
wird man ankommen
wenn man reinen Herzens ist
       Die große Verfolgung

Die Kehle schnürt sich zu

Ein ganz normaler Tag
wie immer schlägt man die Zeitung auf
durch Zufall liest man eine Todesanzeige
und fragt sich
Diesen Menschen kennt man doch
     Die Kehle schnürt sich zu
Wie konnte das passieren
Aus einem schönen Tag
wurde ein schwerer Mittwoch
Ein Kasten des Todes hat einen umgehauen
Noch so jung und nun schon nicht mehr
Der Tod hat den Krieg
mit dem Absurden gewonnen
   Die Kehle schnürt sich zu
dagegen kann man nichts tun
Der Kampf geht ohne Sie jetzt weiter
Das sagt sich jetzt so leicht
Aber was soll man sonst sagen?
Der verrückte Fluss hat nicht gestoppt
Schweren Herzens geht es weiter
  Wenn sich die Kehle zuschnürt

Die kleine Nicki hat geheiratet

Ich hörte ein Gerücht
Nun kam Gewissheit
Die kleine Nicki hat geheiratet
Macht es mir etwas aus ?
Liebe auf dem Scheiterhaufen
Gelächter
Wegsehen
Ein Versteckspiel besonderer Art
Freundschaft auf andere Weise
Jugendflirt
Nicki hat vor kurzem geheiratet
Zum Glück
keine Einladung
Weiterspielen
Abschalten
Kein Geschenk
Die kleine Nicki hat geheiratet

Die letzte Saison

Jahrelang hat er die Knochen hingehalten
Im Wechsel der Meisterschaften
Niederlagen und Siege mit guter Leistung
Nach langer Zeit
kommt der Termin wo man Abschied nehmen
muss
Die letzte Saison beginnt
und er wird endgültig das Ende bringen
Das Erlebnis wird intensiver
ein langer Abschied zeigt schnell
Erfolg zum Schluss
Gewinnen oder Verlieren
spielen keine Rolle mehr
Ein langer Weg zum Arbeitsplatz
mit großen Blumensträußen
Alleine geht er durch die Anlage
ein kurzer Blick zurück
       Die letzte Saison

Die Metro von Paris

Wie die wilden Autos
fetzt sie durch die Gänge
Die Lampen geben der schwülen
trockenen Wärme nach
Wenn die Bahn kommt
wird die warme Luft durch
einen einzigen Zug zerschnitten
Die Metro ist mehr als Verkehrsmittel
Man darf aber nicht das Elend übersehen
Eine junge Frau mit Kind bettelt
um einige Münzen
Ein alter Mann schläft auf den Bänken
Alle gehen wie selbstverständlich vorbei
Diese Personen gehören zum Alltag
leider auch bei uns
Warum muss ich gerade
in einem Augenblick der Freude
über diese Stadt an diese Menschen denken?
Eine Metro wie in vielen Städten

Die Nacht die kommt

Die Nacht die kommt
die Nacht die geht
für uns ist die Liebe zu spät
Der Tag war schlecht
und ich mache mir sorgen
Nur die Musik heilt die Einsamkeit
Dunkel ist es in den Gassen
In Gedanken treffe ich dich
doch dann falle ich zurück ins Leben
Der Alltag zermürbt die Hoffnungen
Doch die Erfahrung war goldwert
Die Nacht die kommt
Die Nacht die geht
Für eine neue Liebe ist es nicht zu spät

Die Rückkehr von ihr

Die Gedanken laufen Achterbahn
zu Befürchtungen von Angst
Ich bremse den Übereifer
besinne mich zur Rückkehr der Vorsicht
Denn Fehler sind nicht weit
Die Frau die ich liebte ist schöner geworden
Ich sehne mich nach der Vergangenheit
Sie wird unvergesslich bleiben
Mich nennt man den Lückenbüßer
Sie war die Königin der Nacht
Erinnerungen an den letzten Auftritt
Tagträumer als Begleitung
Die Freundschaft ist auch zerschnitten
Die Rückkehr von ihr steht nun bevor
doch ich werde nicht da sein
Vor Verletzung hinkt das Herz
Meine Suche geht weiter auch ohne Sie
        Die Rückkehr von ihr

Die Stille des Momentes

Wie vom Blitz getroffen
Erinnerungen Gegenwart Zukunft
verschwimmen
im unsicheren Himmel des Geistes
Schlaflosigkeit genießen
Überschäumende Nachdenklichkeit
Konzentration
Positive und negative
Bedeutungen
Macht den Vorhang auf
Beobachtet den eigenen Lebenslauf
Die Ruhe will schreien
Verteilt sich im grauen Morgen
Die Stille des Augenblicks
Ich werde mich wieder erinnern !
Genuss der seltenen Stille

Die Zeit ist reif

Drang nach menschlicher Ordnung
Wunsch nach Zärtlichkeit
in einer technisierten Welt
Wege suchen nach einer gerechten Zeit
ohne Zwänge die einem verrückt erscheinen
Suche nach einer Zivilisation
die menschlicher handelt
Vorstellung einer Erde
ohne Kriege, ohne Hunger
auf der alle Menschen zusammenleben können
Der Anfang wurde begonnen
doch das Ziel ist weit
Die Zeit kommt
wo alles möglich wird
Wir müssen erst zu uns finden
Dies sollte uns bis ans Ende unserer Tage
begleiten

Die Zeitenreiterin

Man weiß nie wann sie vorbeireitet
Warten auf einen schönen Anblick
Alle schauen ihr nach
Gefühl der Einzigartigkeit
Reiterin der Zeit
Weiße Unschuldigkeit
Funkelnder Blick
in jeder Epoche
Ihr Ritt gleicht einem Vogel
Die Zeit bleibt stehen
haftet am tollen Moment
Der Mond steigt auf
 wirkt immer kleiner
Zeitloses baden
Eintauchen in die Historie
Bärtige Männer
Schwarze Stiefel
Die Reiterin reitet vorbei
Innehalten
Das Jahr geht weiter
Bis zum nächsten Mal !
Reiterin der Zeit

Ein einsamer Musiker

Lahme Fahrgäste
Laute Unterhaltungen
Der Musiker spielt so gut es geht
Einfache Klänge
Schmutziger Hut
Keiner kann weglaufen
Ein sadistischer Musiker ?
Unverständliche Texte
Melodien müde und verbittert
Den ganzen Tag in der U-Bahn
Ein paar Münzen
Abgefüttert
Ein Clochard als Künstler
Kurze Runde durch Abteil
Keiner hat was gegeben
Abschied an der nächsten Station
Genervt gefühlt
Ein armer Musiker

Ein großer schwarzer Raum

Die Vorhänge sind verschlossen
rollende Betten mit kalten Körpern
Viele Körper sind entsetzlich zugerichtet
Gesichter mit glücklicher Erlösung
verschlossene Augen verkünden Frieden
       Ein schwarzer großer Raum
als Vorhof zum Bestattungsinstitut
Schieben wir die Toten ab?
Hier liegen Unfälle neben Selbstmorden
und unheilbare Krankheiten
Ein Raum ohne verbrauchter Luft
Zwischenstation zum Himmel oder zur Hölle
   Ein großer dunkler Raum
Nun kommt ein Leichenwagen
um einen Körper der steif ist abzuholen
damit Platz gemacht wird für neue Opfer
des immer endenden Lebens
Im Keller der immer schwarz sein wird

Ein Jahrhundert ist tot

Ein langes Leben
Ereignisreich
Wir waren ein Teil davon
Keine Schwierigkeiten
Der Körper ist abgekühlt
von einer Person dieses Zeitalters
Fotos und Gegenstände bleiben hier
Erinnerungen haften
Lebendige Geschichte
Der Sohn ist Waise
Das Grab ist bereit
Alle werden kommen
den letzten Weg begleiten
Den Gang den jeder gehen muss
Danke
Ein Jahrhundert lebt nicht mehr

Ein langer Abschied

Der letzte Lebensabschnitt neigt sich dem Ende zu
Die Tür zum Paradies ist schon aufgeschlossen
Alles ist bereit für die ewige Freude
Doch das Herz will noch nicht
Die Natur meint es zu gut
für den Menschen
der das Jahrhundert begleitet hat
Ein langer Abschied
Fremde Tage
Vergangenheit in farbigen Bildern
Jeder Tag ist anders
Einfache Sprache
Trauer Wut Tränen
Ein langer Verfall
Reaktion statt Aktion
Ein schmerzhaftes Ende
Unbestimmte Zeit
Begleiten und helfen
Wann kommt der letzte Herzschlag ?
Danke für alles !
Ein langer Abschied

Ein Luftzug für die Menschlichkeit

Was für eine tiefe Kluft zwischen
Wunsch und Realität
Vieles ist schon geschehen
was muss noch passieren
damit wir endlich verstehen
So kann es nicht weitergehen
Wo bleibt die Solidarität
mit den Menschen die vor Gewalt
und Elend fliehen müssen
Alles Geschmacksache ?
       Ein Luftzug für die Menschlichkeit !
sollte durch die Straßen ziehen
doch man beschimpft die Bürger
die für Humanismus stehen
Haben wir Deutschen nach 50 Jahren
nichts dazugelernt ?
Erst kommen wir, dann die anderen Menschen
so scheint es
Die Stärke kommt von innen heraus
Sind wir alleine oder in einer Gemeinschaft
auf dieser Erde die uns nicht gehört ?
Nach Stunden der Kälte packen die Aufrechten
wieder ihre Sachen von der Straße und gehen
aber nicht entmutigt
    Was für ein Luftzug für die Menschlichkeit

Ein Ort am Ende des Weges

Ein Geheimtip nach fünf Stunden Anreise
Sterne die funkeln
Farbige Lichter
neben dröhnender Musik
Warme Luft
Duftendes Meer
Ein Ort am Ende des Weges
Wilde Frauen
Tanzende Lust
Nebel voll südlichem Alkohol
Reifenpannen in dunkler Nacht
Baden im schwarzem Meer
Tagsüber brannte die grenzenlose Sonne
Zivilisation vermischt Tradition
Wie lange bleibt dieser Ort verschont ?
Am Ende des Weges

Ein schmutziges Spiel

Man hat alles gegeben
hoffte auf Erfolg
War ein Fehler
Deutliche Niederlage
Die Regeln waren bekannt
aber man vergaß sie
Ein schmutziges Spiel
Nun steht man allein
darf keinen Gefühle zeigen
Die Sonne ist verlobt
Im Sumpf gibt es kein Licht
Ein schwarzes Spiel
Ein Opfergang zum Drachen
Spielregeln
Die Suche wird immer schwerer
in der Stille des Geschäfts
Ein kaltes Spiel
Nicht mehr drauf einlassen
Warten auf den Zufall
der eines Tages kommen wird
Ein langes Spiel

Eine natürliche Sache

Ein Hund wurde eingeschläfert
um Leid und Schmerz zu beenden
Die Begleitung blieb bis zu Herztod
Eine natürliche Sache
Neue Tage und Erfahrungen
Man kann es kaum begreifen
Vor kurzem noch
alles in Ordnung
Alles ist anders geworden
Eine natürliche Sache
Schöne Rückbesinnung
Der Tod gehört zum Leben
Kein gemeinsames spielen mehr
Trauerzeit
Überwindung
Eine natürliche Sache

Eine ungeschriebene Geschichte

Viele Liebesromane wurden gelesen
mit einem glücklichen Ende
doch es findet sich nichts
für eine
        Ungeschriebene Geschichte
Kein Anfang kommt zum Ende
Die Personen sind nicht klar umrissen
wurden falsch geboren
Sie brauchen alle Liebe die man geben kann
mehr und mehr
Die tanzende Frau
trifft Herrn Liebermann
keiner weiß warum
niemand kennt den Anlass
Der Autor ist im Exil seiner Worte
bis ihn mal ein Anhaltspunkt trifft
Die Geschichte
beginnt sich zu wandeln
Nun kein Blick mehr zurück
alles nimmt nun seinen Lauf
Die ungeschriebenen Wörter finden sich
Der Schriftsteller ist in guter Gesellschaft
und die einzige Stimmte zeigt das Ende der
ungeschriebenen Geschichte mit den einem
guten Schluss der vorgegeben war

Ende einer Liebe

Die Beziehung neigt sich dem Ende
wie der Tag zur Nacht
Die Glocken der Kirche sind verstummt
Man ist der einsamste Mensch der Welt
Was von der Liebe bleibt sind Erinnerungen
ob sie nun gut oder schlecht waren
ist egal
doch jetzt
ist das Ende der Liebe erreicht
doch wen kümmert es
So ist es nun mal
Sie war stark die heiße Liebe
doch sie wurde durch äußere Einflüsse zerstört
Es gibt keinen Neuanfang
das hat man sich gesagt
Das Ende ist nah
Noch eine letzte Begegnung
dann ist alles vorbei
Wir hatten schöne Stunden
und in dieser Zeit warst Du der Mittelpunkt
für mich
doch der Abschied kam schon vor Wochen

Erinnerung in Ketten

Nach 40 Jahren
sind die Erinnerungen
in Ketten gelegt
Wetter und Erlebnisse
Personen und Orte
Haltepunkte
Veränderungen
bleiben im Gleichgewicht
Wiederkehrende Bilder
vergleichen die Umgebung
Straßenlärm und Ruhe
Ketten der Biographie
Alte Fotos
Neue Aufnahmen
Dieselbe Sonne
Lichtstrahlen
Schattenbilder
Jahrestage
Wie wird es in 40 Jahren aussehen ?
Erinnerungen in Ketten gelegt

Erleichtert

Vielleicht einsamer Jäger
Die Wörter kamen aus dem Wald
Zufriedenheit
Zustimmung oder Abneigung
sind ohne Bedeutung
Die Gedichte stehen auf dem Papier
werden nicht mehr weg radiert
Der Stolz beschützt das Werk
Erleichtert
Ein Teil ist abgeschlossen
Zahlen bestimmen die Reihenfolge
Nun beginnt der Diamant zu funkeln
Man kann es doch
Leichte Fortsetzung
Neubeginn

Es hat sich erledigt

Begegnungen über Umwege
Theorien und Spannungen
Herzklopfen vor Freude
Internet
Ein kurzes Gespräch
Alles hat sich erledigt
Das Bild verschwimmt
Worte waren Hammerschläge
War wohl nichts
Pech gehabt !
Die Frau hat eine schnelle Wahl getroffen
Es hat sich erledigt
Das heiße Wunsch kühlt sich ab
Böse auf das Telefon
Worte der Wut
Na dann eben nicht !
Es hat sich erledigt

Es ist an der Zeit

Er liegt neben mir auf dem Sofa
Ein abgemagerter Körper
Tiefes Schnaufen
Meine Hand streichelt den heißen Kopf
Seine Ohren hören nichts mehr
Es ist an der Zeit
Abschied zu nehmen
Trauer und Erlösung
Kein Hunger
Gefühl und Herz finden zusammen
Herr über Leben und Tod
eines Hundes
Zweifel das Richtige zu tun
Es ist an der Zeit
Vergangenheit gedacht
Die Nächte Rücken an Rücken
Die Tage in der Natur
sind vorbei
Ein Blick nach vorn
Baldige Entscheidung
Tierarzt
Es ist an der Zeit

Es ist schon gut

Ich treffe mich mit Dir zum letzten Mal
um alles zu bereinigen und zu besprechen
was uns noch immer belastet
Du bist zu hart zu mir
doch ich sage Dir
Es ist schon gut
Ich will nichts mehr hören
Du hast mich lange genug gequält
Es gab auch schöne Zeiten
wenn wir uns nicht in Haaren lagen
Natürlich habe ich Schuld
das alles zu Ende ist
Es ist schon gut
Keine Vorwürfe mehr
Nun gehen wir auseinander
wahrscheinlich für immer
Es tut keinem leid
Ich sehe Dir lange nach
denke an den Anfang
und beginne ein neues Leben

Es ist schon verrückt

Den Hauptteil des Lebens
leben wir so wie wir es nicht wollen
denn das Geld regiert die Welt
Tiere und Pflanzen
werden wie Sklaven behandelt
Die schönste Stunden des Tages
werden weggeworfen
Einsame Hilfeschreie verstummen
In der Wüste unseres egoistischen Vergnügens
Geistige Ebenen werden gestürmt
Religionen sind Staatsdoktrin
Alte Gesichter in einem neuen Licht
Ehrung der Toten die einem wichtig sind
Denn den größten Teil des Lebens
sind wir sowieso alleine
Wir brauchen positive Texte
In der Welt voll Drogen
Wir wissen wen die Gott liebt
Die Straße als Galerie der Gesellschaft

Es klappt wieder nicht

Die Termine waren abgestimmt
Die Kilometer fressen die Straße
Doch nach der Ankunft ein einfacher Anruf
     Es klappt wieder nicht
mit dem Girl zusammen zu sein
Der Hals wird trocken
der Körper macht schlapp
Die Füße tragen nicht mehr, der Berg gibt nach
     Es hat wieder nicht geklappt
wie so oft schon ist alles vorbei
bevor es begonnen hat
Alles war so sicher
doch nun wird die Rückfahrt zur Qual
Was für eine Gesetzmäßigkeit
begleitet den neuen Wunsch nach einem
erneuten Versuch sie zu treffen ?
     Es klappt wieder nicht

Es kracht überall

Verletze Asylanten säumen den Weg
Brennende Häuser verseuchen den Verstand
Menschenfeindliche Wörter schießen
Aus schwarzen Kehlen
Keiner ist vor ihnen sicher
      Es kracht überall
Schließen wir die Augen wie vor 55 Jahren?
Die Ideologien bekämpfen sich wieder anstatt
die braune Gefahr zu beseitigen
Die Regierung steht vor dem Infarkt
Nun liegt es bei uns die Situation selbst
in die Hand zu nehmen denn
      Es kracht überall
13 Jahre Terror sind für die Ewigkeit genug
Glauben wir an unsere Stärke und überwinden
wir das Tief damit es nicht mehr kracht!

Falscher Alarm ?

Die Erde brennt
Die Luft wird dünn
Alle wissen es
Keiner sagt die Wahrheit
Falscher Alarm ?
Kriege ohne Aussicht auf Frieden
Wir haben alles was wir wollen
Überleben in der Wüste
Hohe Geschwindigkeiten des Glücks
Falsche Hoffnungen ?
Verschlossen ist die Hintertür
Ende oder Anfang
Wir werden kommen
So wird die Welt einfach klar
Der Engel führt uns
Liebende zum Paradies
Oder war alles nur ein Fehler der Technik ?

Fastfood auf der Prachtstraße

Das Restaurant ist sehr sauber
so als könnte man vom Boden essen
Angestellte fegen
alle Essensreste weg
die zum Boden fallen
Beschwingte Musik
hilft die Burger zu schlucken
David ein Mitarbeiter mit Brille gähnt
reibt sich vorsichtig die Augen
Es ist Sonntag am späten Vormittag
Wie wird es hier zur Hauptessenszeit sein ?
Fastfood auf der Prachtstraße

Faszination der Nacht

Gegenstände von Schönheit und Brutalität
Andere Farben andere Werte
Die Zeit ist ohne Ziel
Momente fahren hinauf
zu dem Firmament
und laden ein zum Träumen
Das macht die Nacht aus
Veränderungen die man braucht
Unterschiede sind weg oder kaum vorhanden
Suche nach ehrenden Worten
Beschreibungen weben die unbekannte
schwarze Dimension
      Faszination der Nacht
hier und überall
Einbrüche in Häuser dort
Liebe in einem Hauseingang dort
Städte und Dörfer
voll benötigter Lichter
Liebe Hass und Zärtlichkeit
auf den glänzenden Schienen
bis die Weiche kommt
      Faszination der Nacht

Fixpunkt der Zeit

Beide Zeiger wollen nicht weiter
Innehalten
Verdicktes Blut
Atemlosigkeit
Im Schoß der unverschlossenen Stille
Schneeweiße Tugend
Verstaubte Zeitenwende
Der Zyklus ist außer Tritt geraten
Labyrinth des Augenblicks
Kreisverkehr der wiederkehrenden Nacht
Aus der Vergangenheit geritten
Ebbe im Zeitenlauf
Hände fuchteln durch die Scheibenluft
Weitermachen
Reifepunkt

Flüchtige Begegnung

Sie saß am selben Tisch
nur eine Person dazwischen
Die Blicke trafen sich kurz
Lärm behinderte ein Gespräch
Flüchtige Begegnung
Der Verstand hat kein Selbstvertrauen
Die Angst pocht im Körper
Ewige Fehlersuche
Rundes Gesicht
Kein langes Lächeln
Flüchtige Begegnung
Sie verlässt den Tisch
kommt nicht wieder
Chance verpasst
Nichts bei den Haaren gepackt
Hoffen auf ein nächstes Mal
Ein flüchtiger Augenblick

Fühlen Denken Träumen

Vater und Mutter regt euch nicht auf
Heute bin ich ein König
Spreche mit Jedem auf der Welt
Keiner darf mich belehren
Das Schaf hat keine Angst mehr
Wechselnde Gefühle
Neue Namen
Alles in einer Woche
Verrückt nach ihr
Wohin werden wir uns bewegen ?
Die Zeit vereint
Gemeinsamer Rhythmus
Kein Schlaf
Fühlen denken träumen
Kein Blick zurück
Die Zukunft neu erfinden
Hindernisse überwinden
Werte steigen in die Höhe
Bäume werden ausgerissen
Wir sind unter uns
Denken Fühlen Träumen

Galerie der Träume

Bemalte Mauern
Helles Neonlicht
Bewegliche Werbung
in Beziehungen
Nackte Bilder
in der Mitte eines Raumquadrates
Galerie der Träume
Traumreisen in die Ferne
Unbekannte Schönheiten
Deutliche Pinselstriche
Bizarre Aussagen
Galerie der Wünsche
Ein heimlicher Besucher
bis das Licht erlischt
Galerie der Schatten
Kurzer Rückblick
Erfüllte Erinnerungen
Galerie des Lebens

Gesichter einer Stadt

Blicke der Veränderung
früher wie heute
Augen die alles einschließen
Gutes wie Schlechtes
kaputte Seelen
in einer restaurierten Stadt
Gebäude wie Menschen
verschönert durch den Glanz der Lichter
Zeit die sündig und zerfleischend ist
Glocken läuten die Abende heran
Büßermonologe der ewigen Stille
Wege ins neue Jahrtausend
Die Karten sind gemischt
Gesichter von vielen Städten

Göttin des Tempels

Viele Stufen führen hinauf
auf den Tempel der Lebensfreude
Dort oben sitzt die Göttin der Freude
Einsam und unerreichbar
ist keiner mehr
Kraftvolle Musik
Sie ist bereit
Autofahrt im Regen
Gefühle ohne Ziel
Der Tempel verbreitet Phantasien
Freundschaft für einige Tage
Lebensfroh durch die Kurven
Göttin des Tempels
Modern und unnahbar
Glänzende Bilder
für die endgültige Erinnerung
Keiner träumt vom Ende aller Dinge
Wundervolle Begegnung
Göttin des Tempels
Nach abgezählter Zeit
ein Weg nach unten
Kurze glückliche Blicke
Göttin des Tempels

Halbe Liebe

Die Party neigt sich dem Ende zu
Sie ist weg mit einem anderen Typen
mir wird klar
wir waren nie richtig bei der Sache
waren nicht vollständig verliebt
Die kleine Flamme ist schon lange erloschen
Ich bin nicht enttäuscht
doch kommen mir Tränen
denn die Zeit war fast verschenkt
Ich war nur ein Lückenfüller für sie
bis sie fertig mit mir war
Wir haben uns nie richtig geliebt
aber ich habe das Spiel erlernt
Man lernt aus allem
achtet auf vieles
was vorher unwichtig vorkam
Die Hoffnung bleibt
das so etwas nie wieder geschehen wird
und eine bessere Liebe kommt bestimmt

Herbstgedanken

Die Seele lebte auf im heißen Sommer
wollte nicht in die gekühlten Räume
Nun werden die Tage kürzer
Die Sonne misstraut dem Gesicht
Die Natur verliert ihr grünes Spiel
Herbstbeobachtungen
Die Nächte werden intensiver
Der Nebel kriecht durch die Gassen
Die Körper sind eingehüllt
Herbstgefühle
Jahreszeit des schwarzen Bildes
Kämpfe gegen zwei Mächte des Dunkels
Freude auf den Schnee
Wiedergeburt im Frühling
Herbstzeit

Herz und Gefühl

Mal fühle ich mein Herz wenn ich verliebt bin
oder das Gefühl
wenn die Angebetete nur so tut
das sie dich liebt
Herz und Gefühl spürst du
wenn du aus den verliebten Träumen erwachst
alles kann glücklich oder blind machen
oder können dich zerstören
wenn du durch eine unglückliche Liebe
einsam geworden bist
oder dich bestrafen wenn Fehlern vorhanden
sind
und ein Leben lang im Herzen brennen
Nun ich wünsche dir viel Glück
mit deinem Herz und Gefühl
lass dich nicht täuschen und bleibe stark

Heute im Fernsehen

Gewalt und Herzschmerz
auf verschiedenen Sendern
zur gleichen Sendezeit
Tod in fremden Filmen
Ermüdung durch ständige Wiederholungen
Erkaufte Freizeit
mit Werbung garniert
Kaum noch Augenschmaus
Berichte über den Alltag
Serien über Serien
Alles oder gar nichts
Wenig Information
Ist die Liste endlos ?
Gebühren werden bezahlt
Die Freizeit wird verschenkt
Was wird sich im Fernsehen verändern ?
Hoffnung auf die Zukunft

Hier und Heute

Kaum einer denkt an uns
wir sollen nur Leistung bringen
viele sind überfordert
alles vollzieht sich mit herzloser Gewalt
Keiner weiß wie es in uns vorgeht
wir sehen Schicksale die keinem nahegehen
Alle sind mit sich selbst beschäftigt
Die kleine Flamme für die Anderen heißt
Spenden oder Anteilnahme
Viele beruhigen sich nur dass Gewissen
Aber für richtige Abhilfe muss gesorgt werden
Von uns aus muss es kommen
schnell und direkt
      Hier und Heute
   Tut das Richtige
Orientiert euch an denen
die für euch das Richtige tun
Freiheit sinnvoll nutzen
Macht der Gefühle
ewige Liebe suchen

Hochgradig verseucht

Der Schlaf hatte nicht lange gedauert
Nun ist wieder die braune Flut erwacht
Die deutsche Seuche sucht uns heim
Blinde Gesellschaft
Hochgradig verseucht
Seit vielen Jahren
Der nächste Ausbruch des Vulkans ?
Schwarzweiße Filme
von knochigen Menschen
Schläft unser Gewissen ?
Die Schande vertreiben !
Es ist nicht zu spät !

Höhlenbewohner

Ausgelassenes Tanzen
Junge gebräunte Gesichter
Welke Blicke
Gleiche Bewegungen
Angst vor dem Montag
Lustige Schamlosigkeit
Höhlenbewohner
Sanft suchend nach Liebe
Unverstandener Übermut
Dunkle Freude
Heute
Beschreibungen von alter Musik
Festhalten der eigenen Jugend
Die Höhlen werden geschlossen
Es war eine schöne Zeit
Neubeginn
Höhlenbewohner

Ich gehe mit !

Wo ist die wahre Liebe ?
Keiner hört mich rufen
Ich weiß nicht was richtig ist
Ich gehe mit
egal wohin es geht
Wer begleitet mich ?
Vögel fliegen in den Süden
verstehen menschliche Botschaften nicht
Ich verspreche mir zu viel
Ich will weg
Kenne ich das Glück ?
Sterne fallen in der Nacht herab
Wir lieben durch die Medien
Nichts ist ehrlich gemeint
Heuchelei der Stärkeren
Nun werde ich alleine gehen müssen !
Keiner geht mit!

Ich kann nicht zurück

Ich bin weit weg
Die Zeit läuft
Sie kennt mich nicht mehr
Fehler über Fehler
Klagen über Ungerechtigkeiten
Ich ließ sie gehen
Freies Leben
wie ein Vogel
Schuldgefühle
Ich kann nicht zurück
Wanderer der Zeiten
Ich höre neue Tatsachen
Die Entfernung wird größer
Sie ist auf der anderen Seite
Will mich nicht erkennen
Getrennt durch eine Mauer
Wir beide können nicht über den Schatten springen
Kein Rückwärtsgang

Ich sehe in mein Glas

Alle hatten mich gewarnt
mit solch einer Frau
sollte ich mich nicht abgeben
doch ich wollte nicht hören
Nun habe ich den Salat
 Ich sehe in mein Glas
es ist fast leer
ich fasse den Entschluss
es diesem Weib zu zeigen
Der Kellner schenkt nach
Der Kanal ist voll
Der Barkeeper führt sich auf
wie ein alter Lehrer
Alles ist vergessen
wenn man Alkohol trinkt
Jeder Entschluss wird falsch sein
 Ich sehe in mein Glas
es spiegelt sich das grelle Licht
Ich sage zu mir
die Erfahrung mit solch einem Mädchen war es
wert
Die Rechnung wird bezahlt
und ich gehe hinaus
in die kalte Nacht
mit meinem Glas
das ich mitgenommen habe
es zerschellt an einer Häuserwand
 Ich sehe in mein Herz
vieles ist schön
für diesen Augenblick
ich gehe schweren Schrittes die Straße entlang

Im Augenblick der Dunkelheit

Müde geht man von der Arbeit
durch den grünen Bürgerpark
Gedanken an die Gleichheit der Welt
begleiten den einsamen Wanderer
Plötzlich wird er umgefahren von Kahlköpfen
In den Dreck fällt nur der Mensch
der anders ist schreien Sie
Warum muss das so sein?
      Im Augenblick der Dunkelheit
kriechen die Braunen
aus den Löchern der Geschichte
Sie verletzen die Würde des Menschen
um dann in die Dunkelheit zu fliehen
ohne an die Folgen zu denken
Wohin soll das alles noch hinführen
wenn man sich nicht mehr auf die Straße
trauen kann um seinen Vergnügungen
immer wenn man will nachzugehen
    Im Augenblick der Dunkelheit

Im Dschungel der Liebe

Wenn man sich schlecht fühlt
und das Herz weh tut
dann ist man im Dschungel der Liebe
Wenn sich die Angebetete von einem abwendet
dann ist man gestrandet
an der wüsten Küste der Liebe
man ist gefangen
einen Ausweg gibt es nicht
oft ist es dunkel und kalt
nur selten trifft man auf eine Lichtung
dann muss man schon weiterziehen
Der Dschungel der Liebe
ist unberechenbar und unendlich
kennt man ihn
kennt seine Gefahren
kommt er uns nur noch wie ein Wald vor

Im Haus der heutigen Zeit

Wir kennen den Tod auf den Straßen
Gewalt und Brutalität gegen Andere
Krankheit und Zermürbung
zum wiederkehrenden Nulltarif
Mythen bekommen wieder Bedeutung
Das Prinzip Hoffnung
nährt die schon Gestrandeten
Im Haus der jetzigen Zeit
Wir können einfach so zuschauen
Ins Haus der heutigen Zeit
Bis uns selbst etwas passiert

Im Kreislauf

Spätes Aufwachen
Müde von der Nacht
Der Tag geht los
Wie sieht es in mir aus ?
Hineingeworfen in einen Ablauf
der mir nicht gehört
Loslaufen durch alte Straßen
Arbeit wie am Fließband
Pausen
Dann Feierabend
Im Kreislauf
Höhepunkte in den Höhlen
Geschichten vom blühendem Licht
Morgen beginnt von vorne
Wiedergeburten
Gesellschaftliche Läufe

Im Schilderwald

Wo wir auch hinkommen
überall stehen Verbote oder Hinweise
Wir leben in einem Schilderwald
und haben uns damit schon abgefunden
Jeder schließt sich ein
und sorgt für Schilder an den Grenzen
Bunte Farben sorgen für Aufmerksamkeit
Aus dem Schilderwald kann ein Dschungel
werden
In der betonierten Welt
sorgen sie für Ordnung
Kommen wir von den Schildern los ?
Ich glaube kaum
denn so viel wird davon abhängen
wie wir uns bewegen

Im Schilderwald

Im Sumpf der Angst

Gefühle werden getreten
Fußtritte gegen die Ehrlichkeit
Treue und Verlässlichkeit
finden keinen Halt
Im Sumpf der Angst
Die Hände sind noch frei
Ausschau nach der Geliebten
Wo ist sie ?
Keiner holt mich hier raus !
Aus dem Sumpf der Angst
Lebenssaft überbrückt den Raum
Der Hirsch hat sich verirrt
in den Sumpf der Angst
Eigene Fehler
Ohne Hilfe
Aus der Heimat kommt ein Seil
Die Rettung naht
Rausziehen
In die Arme nehmen
Fest drücken
Gemeinsame Zukunft

Im Untergrund der Sinne

Versteht ihr den Untergrund der Sinne ?
Diese treibende Kraft die uns zusammenhält !
Wir zerstören den Tag
Zeit der Zuneigung
Haltet die Augen auf
bleibt an der Basis
Wir sind keine Sterne
verneinen was wir sind
Die Ängste werden unterdrückt
Wo ist die absolute Freiheit ?
Die Leidenschaft ist verweichlicht
Eine Erde ohne Engel
versteht die Sinne nicht
Die Fragen sind ein Motor der Revolte
Natur zum entspannen
Wer trägt die Fackeln der Seelen ?
Vertreibt den Nebel
dann geht die Rechnung auf
Gehen wir fröhlich in uns
in den Untergrund der Sinne
Findet man sich

Im Wendekreis der Sterne

Nasses Gras am Mondsee
Verschwitzte Leiber
Mückenspiele am seichten Ufer
Stürzende Bäche des Lachens
Vitale Eifersucht der Körper
Im Wendekreis der Sterne
Feuer verformt die Wärme
Gedankensprünge im Untergrund
Im Wendekreis des Mondlichts
Ohne Worte
In der Vergangenheit des Kindes
Grillenmusik zum Zweipersonenstück
Romantische Silben entweichen den Lippen
Lungen atmen feuchte Düfte
Im Wendekreis der Lust
Am Horizont die ersten Strahlen
eines neuen wunderbaren Tages
Mit letzter Kraft
verabschieden sich die Planeten
jeden Tag im langen Sommer
Sternenbahnen
Im Wendekreis des neuen Tages

In den Katakomben des Gehirns

Der einzige Ort der eigenen Stille
Keine fremden Stimmen
Feuchtes Grab
Nasse Gedanken
Tiefe Windungen
Keller der Gedanken
Verarbeitung des Äußeren
Mülleimer der Seele
Sprudelnde Quellen
Wo sind die Türen ?
Antworten tauschen sich aus
Reine Selbstkritik
Plötzlich sichtbare Stufen
Die Birne glüht
Fahrstuhl zur Oberfläche
Licht der Freiheit
Lebendige Wesen bringen Freude
Geschafft

In den Kurven der Einsamkeit

Auf engem Raum lebt die kranke Seele
wartet auf etwas unbeschreiblich Schönes
Doch dann wäre es ohne Wert
Die Seele muss raus !
Anonyme Wanderer gehen durch das Leben
Wer die kurve kriegt ist glücklich
legt seine Hand in menschliche Wärme
Was tun wenn die Einsamkeit krank macht ?
Setzt man sich eine Frau auf den Schoss ?
Keine Haltestelle an den Klippen der Insel
Doch da ist ein Band
was unsichtbar die Liebe einfangen will
Der Wolf hat Hunger und sucht nach dem Rudel
Eine Suche ohne Pause mit reinem Gewissen
Wundervolle Veränderung
Liebe in der grünen Lunge

In den Kurven der Einsamkeit

In der Nacht der Nächte

Strahlende Harmonie durchzieht
die ewige Stille
Körper an Körper in der Extase des Fleisches
in der frohen Gunst der Zweisamkeit
Bittersüsse Vollkommenheit
im Feuer der Begierden
Der Verstand zählt nicht im Augenblick
Wir sind zwei Sterne in der gleichen Ebene
Rette mich
greife nach mir in den Sternen
Hand in Hand
bringen wir es auf den Punkt
Bis der Morgen kommt
die Hitze der Nacht erschlagen wird
Unsere Erleuchtung wird zerstört durch
die Finsternis des Tages
für einige Stunden fühlten wir uns stark
um nach Zielen zu suchen die uns beide
im Meer der Sehnsüchte treiben ließen
    In der Nacht der Nächte

In der Nacht und am Tage

Fröstelnde Kälte durchzieht die Finsternis
Stimmen aus dem Nichts verkünden Freude
Das dunkle Meer strahlt Wärme aus
Man erwartet den neuen Tag
Wärme die einem die Beine hochsteigt
Sonnenüberflutete Gegend
Glitzerndes Meer
Gespräche und Strebsamkeit
gehen über in Motorengeheul
Auf dem Höhepunkt
sehnt man sich die Nacht herbei

Ein Abriss des eigene Lebens
Wichtig ist es die Kunst zu leben
sein Glück dort zu suchen
wo man es finden will
In jedem Alter das für sich Schöne erleben
Gefühle und Empfindungen muss man zeigen
um Verständnis für andere zu bekommen
Träume soll man sich früh ermöglichen
Denn man weiß nicht wie lange man lebt

In der Quelle der eigenen Kraft

Verkleinert bis zu puren Energie
Es existiert nun ein Ort
ohne Gesetze
wo die Seele nur so sprudelt
aus Erfahrung der Menschheit
mit den Träumen und Hoffnungen
des eigenen Körpers verknüpft
Die Quelle der Schöpfungskraft
Eine Geschichte die wir erlebten
In der Quelle des Saftes
ist die Sonne unser Wegbegleiter
bis zur Rückkehr
in den Alltag der materiellen Sinne
Die Kraft der Wärme
lenkt uns
bis das elektrische Licht der Welt ausgeht
In der Quelle der eigenen Kraft

In einem fremden Land

Zu Fuß durch das fremde Land
Sand verstopft die Poren
man spürt den salzigen Leib
Alles ist neu und doch klar und rein
Auf sich selbst zurückgeworfen
bejaht man diese Welt
voller alter Kulturen
die durch die alten Stätten lebendig werden
Viel möchte man erfassen
dieses Volk kennenlernen
doch es wird nur ein Bruchteil sein
dies muss allen klar sein
Etwas wichtiges wird hängen bleiben
 In einem fremden Land

 Was ich erwarte
Phantasie in Menschen und Landschaft
Erlebnisse die haften bleiben
Abschalten vom Alltag
 Das erwarte ich

In einer Innenstadt

Kunst am richtigen Platz
doch nicht beachtet
neben dem Kunstwerk ein Jubiläum
mit grellen Farben die den Asphalt abstechen
Abends ist hier Totenstille
es bleibt Platz für Verbrechen
Gammler und Musiker sitzen auf dem harten
Boden
Jede Person erzählt ihre Geschichte
Die Fußgängerzone als Bühne der Kultur
Markt für Waren und Theater
Freude mit Mitleid vermischt
Zermürbende Orte überall
Doch der Optimismus zeigt sich durch Jugend
und aufdrängender Werbung
     In vielen Städten

In einer nasskalten Nacht

Mattes Licht spiegelt sich auf dem Asphalt
Kaum Autos auf den Straßen
Die Welt scheint friedlich
An den Wänden braue Sprüche
gegen Menschen
die aus der Ferne kommen
Künstliche Buchstaben
Aussagen die auffallen
In einer nasskalten Nacht
Ruhiges Summen der Lampen
Alte Gemäuer mit feindlichem Gesicht
Die Uhren ziehen zum Morgengrauen
Ein Martinshorn heult in der Nähe
Eine dunkle Welt
Nur aus der Phantasie ?
In dieser nasskalten Nacht ?
Am Horizont zeigt sich die Sonne schon
Die Stadt erwacht wieder
in einen neuen Tag
War das Schwarze nur ein Hirngespinnst ?
Ich weiß es nicht !
In einer nasskalten Nacht
ist es passiert

In Paris angekommen

Wiederkehrende Freude

Zu jeder Jahreszeit

Wünsche und Träume können erfüllt werden

Hektik und Entspanntheit nebeneinander

In Paris kann man ankommen

Straßen und Cafes als Theaterbühne

wie im Reiseführer beschrieben

Sie fehlt mir am meiner Seite

Wieder in Paris angekommen

Die Spatzen kommen an den Tisch

Eine Welt für sich

Ohne Dich fehlt etwas

Dein Lachen rundet meine Freude ab

Das nächste mal kommst du sicher mit

Wiederkehr im nächsten Jahr

In Paris steht die Zeit still

Der Eiffelturm als Zeigefinger
der Bogen als Triumph
Selbstbewusste Stadt der Liebe
Die Zeit scheint still zu stehen in Paris
Historische Straßen und alte Viertel
An jeder Ecke Geschichte
Vertraute Architektur
neben mörderischem Autoverkehr
Romantische Cafes und Parks
Lustvolle Seine
Blicke über die Stadt wie seit Jahrhunderten
Hoffentlich bleibt es noch lange so
Die Zeit steht still, wenn man es will in Paris

Insel der Freude

Flucht nach vorn
Die Menschen schauen uns an
Sie können es begreifen
Wir fliehen auf die Insel der Freude
Unsere Träume bauen ein Boot
Nur wir können fahren
Wir spüren wie die Erde bebt
Insel der Schwierigkeiten
Wir werden alles verlieren
Egal
Sind gewarnt worden
Stolz und Ehre
fangen von vorne an
Eine Nacht im Himmel
hat uns weitergebracht
Insel der Sterne
Insel der Freude
Geschafft

Ist das alles ?

Geburt Schule Arbeit Rente Tod
Ist dies alles ?
Man muss sich vieles sagen lassen
Befehle ausführen
Keine Gesetze übertreten
Ist dies alles ?
Wünsche soll man sich erfüllen
Über sich selbst nachdenken
wohin der Weg gehen soll
denn das Leben ist zu kurz
Macht das Beste daraus !

Ist das alles wirklich möglich

Trocknes Land neben einer endlosen Straße
Menschen mit Angst und Hunger
Umgestürzte Lastwagen am Straßenrand
keiner kümmert sich darum
Wir fahren mit dem Bus
und sehen alles wie vor Schaufenstern
wollen für einige Tage alles kennenlernen
Ist das wirklich möglich?
Nach einiger Zeit fahren wir zurück
und alles bleibt bei den alten Problemen
Das Erlebte bleibt haften
obwohl nur alles aus zweiter Hand kam
Was haften bleibt ist die Feststellung
" Wir wollen"
   Ist das wirklich möglich?

Jahreswende-Lebenswende

Abendröte schimmert am Horizont
die Grillen schmettern ihre Melodie
Es scheint gar nicht richtig dunkel
zu werden, der längste Tag des Jahres
Früher feierten Hexen diese Nacht
Doch dieses Jahr ist der Himmel bewölkt
Vielleicht eine Vorahnung
für das nächste halbe Jahr
                    Jahreswende
Der Zeitpunkt ist nicht fest umrissen
Ein Erlebnis kann die Wende bringen
Selbstverwirklichung durch neue Gezeiten
Ziele wie Fische im Netz des Anglers
Niemand ist lebendig begraben
Augen auf beim Betrachten der Welt
die immer verrückter wird
Vielleicht eine Vorahnung
für den nächsten Lebensabschnitt
            Lebenswende

Kein Anruf

Verabredetes Date
So beeilt
Gehetzt angekommen
Sie ist nicht da
warten voller Ungewissheit
Das Telefon steht auf dem Tisch
Hoffentlich ist nichts passiert ?
Kein Anruf
Aufbegehren
Sie kommt nicht
Hoffnung will sich mit Mut paaren
Kein Klingeln
Aus Minuten werden Stunden
Kein Zeichen der Entschuldigung
Ständiges auf und ab
Keine Auskunft
Freunde versetzt
Der Abend lässt sich nicht mehr retten
Wo bleibt sie ?
Schlecht behandelt
Umkehr
Aus und vorbei
Sie braucht nicht mehr zu kommen
Die Antwort wird ungenügend sein
Keine Anrufe mehr

Kein Zeichen der Vorsehung

Nicht für einander bestimmt
Klarheit und reines Gewissen
Keine Fragen nach dem Grund !
Ergebenheit gegenüber dem Absurden
Revolte
Kein Zeichen der Vorsehung
Eine höhere Macht lähmt uns
Abgeschoben in die Boxerecke
Das Herz sinkt
Tagträume
Keine Zeichen der Vorsehung
Flucht vom Regen in die Traufe
Die Kraft hat sich verbraucht
Die Suche geht weiter
Vielleicht auch ein Fingerzeig !

Keine Zeit

Keine Zeit um in Ruhe etwas zu lesen
Keine Zeit um Kindern bei Problemen
hilfreich zur Seite zu stehen
Hektische Welt voller Kapital
Des stärkeren Recht und Ordnung
Wenig Geduld
zur Verarbeitung menschlicher Würde
Kaum Zeit für wirkliche Natur
War damals alles anders ?
Holen wir uns die Freude zurück
denn die Zukunft der Computer mit steriler
Bewältigung ist nicht mehr weit

Königin der Nacht

Sie geht immer durch die Stadt
Jeder will sie haben
doch keiner weiß wo sie ist
Sie wahrscheinlich nur in unseren Vorstellungen
Mutlos und zermürbt
schlendert man durch die dunklen Gassen
Vermutet wird die Königin hinter jeder Ecke
Von Wochenende zu Wochenende
immer diese Hoffnung die kaputt machen kann
die sich ernährt bis zum Ende
benebelt lässt man sich ins Bett fallen
voll Alkohol
    Königin der Nacht

Königin der Herzen

Ihr Körper ist kalt
Unsere Herzen bewahren die Königin
Ein gewaltsamer Schluss
in der Stadt der Liebe
Eine goldene Flamme
auf dem Ort des Unfalls
Blumen wie Tränen
Bilder und Texte
Dem Mythos kann man sich kaum entziehen !
Will man es überhaupt
Märchenprinzessin?
Eine Frau
als Vorbild
Die Königin wird nicht altern
Sie belebt die Phantasie
Königin des Herzens

Kurz vor Mitternacht

Perfekter Zeitablauf
Ein Ausreißer kreuzt den Weg
Wenige Minuten vor der Gruselstunde
Fremde Stimmen
Visionen der Gastlichkeit
Kurz vor Mitternacht
Hunger nach Aufregung
Nervöse Schwingungen
Zeit des Erwachens
Der nächste Morgen ist noch weit
Kurz vor Mitternacht
Die Freundin wird gehen
mit einer Kette aus Korallen
Leidenschaft zur fortgeschrittenen Stunde
Volle Ausgelassenheit
Beschreibungen
Samstag Nacht
ohne wirklichen Sinn
Zwang nach Freiheit
Kurz vor Mitternacht

Laßt uns gehen

Die Arbeit heute ist getan
Vergnügen ist nun angesagt
Spaß den ganzen Abend lang
bis zu Hitze der gefährlichen Nacht
Lasst uns gehen
Lasst uns die Freiheit genießen
Morgen ist wieder alles anders
Wir sind uns wichtig
Steigen wir auf die Treppen zum Himmel
Hitzeschläge bis zum Morgen
Lasst uns gehen
Harmonie bis zum Ende der Kräfte
Der neue arbeitsreiche Tag naht bald

Lebensroulette

Von der Geburt bis zum Tod
ist es immer das gleiche Spiel
Die Kugel des Lebens rollt
Manipulationen mit Glauben an die Macht
des Glücks für die bessere Welt der eigenen
Absurden Existenz
Rot und Schwarz
entscheiden über den Werdegang
Gespannt schaut man auf das Roulette
Je nach Einsatz schlägt das Herz
freut man sich über Sieg oder Niederlage
Ob sich die Mühe gelohnt hat
wird sich noch entscheiden
wenn man vor der Vollendung des Lebens steht
Lebensroulette

Liebesfieber

Die Liebe verließ uns
Mir wird heiß
wenn ich darüber nachdenke
Nichts geht weiter
Ich bin verrückt
Die Agenten sind unter den Liebenden
Alle sind krank
Keiner schreit die Gefühle hinaus
Die Rechnung wird präsentiert
Liebesfieber
Aus meinen Händen glitt der Diamant
Die Geburt der Nackenschläge
Ich akzeptiere diese Härte
Das Fieber gehört mir
Ich will wegrennen
alles vergessen
Mein Wille hält mich zurück
Warten auf Wundermittel
Ich finde mich mit den Tatsachen ab
Liebesfieber

Liegen auf dem Nagelbrett

Ein erregendes Gefühl
Ein kleiner Vogel zwitschert
macht mir Mut
weiter auszuhalten
Schmerzen der Erfahrung
werden immer schlimmer
Verrückter Versuch
Liegen auf einem Nagelbrett
Bewunderte Fakire
Gehen ihren Weg
Erfüllung in kleinen Schritten
Nagelbrett des eigenen Lebens
Heiße Kohle
Durch einen Haufen Glasscherben
Leben für den Auftritt
Wie in der Heimat
Liegen auf dem Nagelbrett

Lust nach der französischen Hauptstadt

Eigene Welt und Bühne
Blauer Himmel
Hier will ich sein
Neugierigkeit auf die verschiedenen
Nationalitäten
Fabelhafte Unterschiedlichkeit
Suchen und Finden
Der Kaffee schmeckt nach Geschichte
Verlangen nach Genuss
Die Lebensbatterie aufladen
Ich schnaufe durch
Ein kurzes Wochenende
Es war wieder super
Freude auf das nächste Mal

Lust nach der französischen Hauptstadt

Manchmal steht die Zeit still

Den Hammer hinlegen
Den Motor abstellen
Der verbrauchte Tag steht einsam da
Liebevolles Telefonat
Unser Austausch
Kreative Phasen
Zukunftspläne
Uhrwerk des Lebens
Gefühlter Mittelpunkt
Körperliche Nähe
bis der Morgen erwacht
Schöne Zeiten
bremsen den Augenblick
So möchte ich meine Pausen verbringen
Wenn die Zeit stoppt

Markt der Gefühle

Orientalische Gerüche
Lautes Gemurmel
Heitere Bürger
Bettler an Kreuzungen
Erotik
Ein Reisender unter Einheimischen
Kopien und Orginale der Wirklichkeit
Staubige Häuser
Saubere Bürgersteige
Suche nach erotischen Berührungen
Markt der Zärtlichkeiten
Man spielt Theater
Lug und Trug
Wahrheit und Ehrlichkeit
gespielt und gemeint
Markt der Herzen
Jeder kommt hier vorbei
Alle spielen mit
Fast alle erreichen ihr Ziel
wenn sie gut gehandelt haben !
Markt der Gefühle

Mattes Spiegelbild

Müde Gesichtszüge
Erlebte Erfahrungen
Die Augen sind eine Seelenfiliale
Ein dunkler Raum mit Gemütlichkeit
Mattes Spiegelbild
Augenblick und Wahrhaftigkeit
Keine Fragen !
Die Sonne scheint
auf den Kopf der Personen
Verbrannte Körper voller Leidenschaft
Vertrödelte Stunden in der heißen Wüste
Verträumtes Licht
Inseln der Ruhe
Mattes Spiegelbild
Nächte ohne Strom
Der Urlaub neigt sich dem Ende
Rückkehr zum alten Leben
Neue Gesichtszüge
Matte Spiegelbilder

Meer der Tränen

Vorfreude die ganze Woche lang
Vorstellungen ausgemalt
Leise Zweifel am Horizont
Verwunschene Ruhe
Bilder verschmelzen
im Dunst des Alkohols
Bereit für euch
Das Boot schaukelt
Die Wellen spielen
monoton eine traurige Melodie
Meer der Traurigkeit
Diese Zeit ist nicht einfach
Das Klagen
anderer Menschen bewegt
Wann wird alles Leid beendet sein ?
Hoffen auf das Meer des Glücks
Zweisamkeit

Mein Paris

Aus einem Cafe heraus
in die Welt blicken
Kunst und Autos
Die Gesellschaft beobachten
Philosophieren und Träumen
Gleichgültiges Wetter
Ein kleiner Teil des Universums
Ein Stück vom Kuchen
Unbekanntes
Verstehen lernen
Französisch sprechen
Leute mit Mundschutz
Asiaten
Personen mit Krücken
Freundliches Geplauder
Die Erde anhalten
für einen Milchkaffee
Bücher schreiben und lesen
Ach könnt es immer so bleiben
Wiederkehren
Mein Paris

Nachts am Meer

Schon von weitem hört man ein Rauschen
Wenn man angekommen ist
stößt einem die Grenze des Menschen
an die Füße
Einsam ist der Mensch
er versucht mit sich in der Stille
in Einklang zu kommen
Probleme von sich abzuwerfen
Erst wenn dieser Augenblick
seit langem vorbei ist
hat man das wahre Wesen
dieses unendlichen Dunkels
mit einigen Nuancen des Lichts erfasst
Was hinter sich gelassen wird
ist zu diesem Zeitpunkt unwichtig
zählen tut nur Augenblick
einer kurzen Einsamkeit
die sonst nicht da ist

Nadja

In den Himmel gekommen
Ein Stern trägt ihren Namen
Die kleine Hündin lebt nicht mehr
Begleitung bis zum Tod
im Körbchen
Die Wohnung ist leer
Kein gemeinsamer Spaziergang
Vier Jahre gemeinsam
Krankes Ende
Grauer Körper
vom Krebs befreit
Gemeinsame Fotos
Was bleibt ?
Zeit der Trauer
Danke für alles
Nadja

Neubeginn

Pochendes Herzklopfen
Zitternde Haut
Gedanken der Freude
Süße Erwartungen
Saure Vergangenheit
Etwas Neues liegt in der Luft
Schneller Neubeginn
Keine Angst
Neue Person
Wörter bekommen andere Bedeutungen
Man muss sich beeilen
Einfach mitlaufen
Mitkommen
Hinter uns liegt ein Abschluss
Das Neue kann beginnen
Bereit
Wir sind nicht die Einzigen
Jedes mal verändert sich die unsere Welt
Ein Neubeginn

Nicht mehr weinen

Es ist einige Tage her
Wir waren beim Tod dabei
Die Trauer zog nach innen
Nichts ist unbeschwert
Nicht weinen
Die Zeit lässt sich zurückdrehen
Der Hund liegt in seinem kalten Grab
Schöne Erinnerungen
Alles ist anders
Überall war er mit dabei
Er fehlt sehr
Keine Schwanz wedeln
Neue Freiheiten
Nötig ?
Die Wunden müssen verheilen
Treffpunkt im Himmel
Bitte nicht mehr weinen !

Nicht vergessen

Vor fast 15 Jahren starb ein Klassenkamerad
Kaum noch etwas erinnert an ihn
Nur ein Stein säumt sein Grab
Doch ich habe ihn:
      Nicht vergessen
Es ist fast 4 Jahre her
da starb mein Opa der Musiker
Seine Musik hat ihn überlebt
Früher kamen wir nicht oft zusammen
und ich habe noch so viele fragen an ihn
Ich werde sie:
      Nicht vergessen
Vor einem Jahr wurde Robin der Hund
eingeschläfert
Die Aura die er versprühte
hilft mir jetzt noch dabei ihn
      Nicht zuvergessen
Die Vergangenheit
ob sie nun schön war oder grausam
darf nicht vergessen werden
Denn an ihr müssen wir uns
orientieren können
Wir dürfen:
      Nicht vergessen
was wir anderen Menschen angetan haben
Die Gefahren von Wiederholungen sind groß
bis zum bitteren Ende
Nichts vergessen?

Nico

Aus dem Himmel schaut er uns zu
Hoffentlich ist er uns nicht böse
Hingerichtet
Ein Monat ist es nun her
Eingeschläfert
Es war nötig
Man bereut es
Kein Leben
Ein kleiner Hund lebt nicht mehr
Das Haus ist leerer
Kein Spaziergang
An Dich Nico
12 Jahre Freude
Das Ende wurde krank
Der schwarze Körper liegt einen Meter tief !
Die Entscheidung war richtig und hart
Vom Leid befreit ?
Danke für alles
Nico

Nur der Einsame

Nur der Einsame vermag
Landschaften in ihrer Reinheit zu erfassen
Haftende Augenblicke in der
zermürbenden Welt
Nur der Einsame kann
in vollkommener Reinheit leben
seine Gefühle sind anders
aber nicht kalt
Der Einsame lebt
in der Wüste der eigenen Zeit
sich selbst auferlegt
ohne wenn und aber
Der Künstler ist einsam
und sieht die Welt von einer anderen Seite
Jeder von uns ist
eine bestimmte Zeit der einsame Mensch
Am Anfang und am Ende

Nur ein Versuch

Falsche Vorstellungen
Schöne Bescherung
Gehofft auf neue Zeitrechnung
Es war nur ein Versuch
Glück hält man nicht zu lange fest
Kalter Wind weht
Gedanken der Zukunft
Verdammter Abschluss
Zwischen den Stühlen
Fehlgeschlagen
Kraft tanken
Gescheitert
Wut auf alles
Ein neuer Start
wird kommen
Bald kommt eine neuer Versuch
bis es klappt
Hoffnungsreise

Nur mal schnell die Zeit anhalten

Das technische Leben
mal kurz anhalten
für eine Pause unverbrauchter Ruhe
Nachdenken
Durchschnaufen
Einmal am Tag sollte gelacht werden
Nicht auf den Wecker hören
Aufstehen im Morgengrauen
Nur mal schnell einen Kaffee trinken
Eigene Zeit ist mein größter Schatz
Ruhiger Urlaubswunsch
Rund um den Globus
Geht es allen so ?
Nur mal kurz die Zeit anhalten
Wer wünscht sich das nicht !

Nur mir selbst

Die ganze Zeit habe ich gewusst
das ich Sie immer noch mag
aber ich habe es nicht glauben wollen
Auf zwei Tage Sonne folgen zwei Tage Regen
       Nur mir selbst
ist bewusst das ich alleine bin
und den schönen Sekunden
mit voller Intensität nachjage
       Nur mir selbst
kann klar werden
ob ich sie verloren habe
wenn alles gegen uns spricht
Die zerrüttete Seele
dürstet nach Frieden
wenn der Bann gebrochen ist
     Nur mir selbst
ist klar
alle fröhnen Ihr mit falscher Liebe
nur ich entdecke ihre Seele
die auf mich zu wandert
wenn das Verlorene nun wieder vorhanden ist
Die Zärtlichkeit beginnt dann zu kochen
Es wird deutlich
      Nur mit selbst

Pause in einem Strandcafe

Ein Tag des hellen Lichts
Den Körper schleifen lassen
Alles fällt herab
Beine baumeln über dem salzigen Wasser
Pause in einem Strandcafe
Harter Herzschlag
Verrückter Realismus
Zeichen am Horizont des Meeres
Taumelnde Augen
beobachten die Natur
Ausruhen in einem Strandcafe
Erholung als Heimat auf Zeit
Die Sonne verzieht sich
Untergang des Tageslichts
Der Ort wird verlassen
Himmlische Ruhe
Pause in einem Strandcafe

Pessimistische Träume

Langer Arbeitstag
Kurzer Heimweg
Essen und Freizeit
Schneller Fall ins Bett
Bewusstes Einschlafen
Bizarre Figuren erscheinen
Verstehe ich den Untergrund ?
Farbige Menschengebilde
Vergilbte Vorstellungen
Neue Verarbeitungen
Pessimistische Träume
Flucht ins Nirvana
Geballte Ladungen
Verruchte Ideen
in kalten Nacht der Zauberer
Neue Sichten der Realität
Es kommt ein neuer Tag
Rettung aus dem Keller
Schnelles Vergessen ?
Alles geht wieder seinen Gang
Vorahnungen

Platz des gelben Lichts

Ein quadratischer öffentlicher Raum
Umringt von alten Häusern
Die Kirche an der Stirnseite
Tagsüber ein normaler Ort
Doch wenn es dunkel wird
erhebt sich das gelbe Licht
Warme Strahlen lassen die Säulen erahnen
Selbst das Wasser des Brunnen
ergibt sich dem unermesslichen Gelb
Platz des gelben Lichts
Die Gestalten erfassen
Am frühen Morgen erscheint
das warme Licht der Sonne
Bis zum Abend gewinnen die Strahlen
Das verzauberte gelbe Licht
wartet auf seinen künstlichen Auftritt
der jeden Abend kommt
Ein historischer Platz
in der Stadt der Liebe
Ein Platz des gelben Lichts

Regen in Paris

Glänzende Bürgersteige
Schwarze Regenschirme
Eilende Passanten
Elektrisches Licht spiegelt sich
auf dem Boulevard
Regen in Paris
Tropfen springen wieder hoch
Gleichgültigkeit der Welt
 Der Wind treibt voran
Pariser Regen
Flucht in Cafes
Wetter runter spülen
Kommt oft vor
Ein silbriger Film
hat sich verteilt
Er wird nicht ewig bleiben
Filmkulisse
Nasse Wiederkehr
Wetterkapriolen
Nichts für Touristen
Regen in Paris

Reise ans Ziel

Freude und Rückkehr
Freiheit und Meinung
Gutes Gedankengut
Das Leben ist kein Ziel allein
Schreiben bis zum bitteren Ende
Städte als Schulhof des Lebens
Kulturen, Menschen und Landschaften
werden aufgenommen
       Reise ins Ich
Bewertung des Augenblicks
Das Ziel wird nicht immer erreicht
Tage die für immer Haften bleiben
Erholung und Erlebnis
für eine kurze Zeit auftanken
       Reise ins Ziel

Reiten in die Ewigkeit

Nebel zieht durch den Blätterwald
Kein Licht in Sicht
Wir lassen alles hinter uns
Wie haben wir bisher gelebt ?
Was haben wir getan ?
Alle werden böse sein
Wir schreiben eine gemeinsame Geschichte
Kein Ritt in die Einsamkeit
Wir wählten die Freiheit eines Paares
Die Gerechtigkeit sieht uns an
Was wollen wir tun ?
Fragen beantworten !
Reiten in die Zweisamkeit
Endlich nicht mehr alleine
Das Internet bringt doch was !

Rückkehr zur Verrücktheit

Lustvoller Opfergang
Zu später Stunde
Ein Ort der die Sinne verstört
Regelmäßigkeiten zum Trotz
gegen alle Gesetze der Logik
Niemand stört
den geweihten Ort der Literatur
Ein Leben als Sinnestäuschung
Rückkehr zur Selbsttäuschung
Willenlos im Gefängnis
für eine abgezählte Zeit
Die innere Uhr bläst zur Flucht
Ängstliches Ausbrechen
Für den Alltag getankt
Wiedersehen wenn die Zeit reif ist
Keine Gefühle der Schuld
Rückkehr zur eigenen Gewohnheiten

Ruhelos

Das Blut fließt ohne Ziel
Ungenaue Antworten
Mühelos unruhig
Vergebliches Warten
Wie fasst immer
Passierte ein Unglück ?
Erklärungen sind leicht
Falsche Autos fahren am Haus vorbei
Ruhelos
Auf eine Person fixiert
Im Kopf des Wahnsinns
gibt es keine Helden
Der feste Punkt löst sich auf
Gefühle verschwinden
Ein neuer Film
kommt in mein Kino
Der alte Streifen ist abgesetzt
Ruhe kehrt aber nicht ein
So streift man umher
im Keller
bis zum nächsten Erfolg
Ruhelos

Scalli

Zwei Jahre ist es her
Eingeschläfert
unser letzter Hund
Ein ganzes Hundeleben
in der Familie
Ich vermisse Dich !
Schaust Du aus dem Himmel zu ?
Nachts wache ich auf
glaube Dich zu spüren
Dein Hundegebell zu hören
Fehlalarm
Schade
Ich denk jeden Tag an Dich
Dank für fast 14 Jahre
Hoffentlich sehen wir ums im Himmel wieder !
Scalli

Schritte auf dem Asphalt

Enge Straßen voll alter Plakate
Weicher Teer
zerstört die Sohlen der weißen Schuhe
In den Seitengassen
das Nichts der großen Stadt
Plötzlich hört man vertraute Schritte
Ein Mensch in Sichtweite
Wer kann das nur sein ?
Der Schutzengel vielleicht ?
Der Gang wird schneller
Der Unbekannte biegt ab
Verklebte Schuhe
in einer rastlosen Zeit
Man überholt sich selbst
Schritte auf dem Asphalt

Seelenfilialen

Zwei verschiedene Orte
Wenige Gemeinsamkeiten
Die Musik zeigt Zusammenhänge
Seelenfilialen
Unbeschreibliche Verbindungen
Liebe und Friedfertigkeit
Überwindungen des Hasses
Seelenküchen
Spiegel der Wahrheit
Lebendigkeit der Paare
Batterien des Glücks
Zusammenarbeit der Sinne
Die Emotionen gehen ohne Krücken
Fremde finden Heimat
Augen des Zweifels
Anfang und Ende
Wunderwesen Wunderwelten
Seelenfilialen
geboren aus dem Schoß der Philosophie
Zuversicht kann Berge versetzen
Seelenkräfte

Seit ich dich nicht mehr habe

Sie ist schöner geworden
Ich denke an unsere unerfüllte Liebe
eine bessere Liebe kommt bestimmt
Einen Großteil lebte ich so
wie ich es nicht wollte
Obwohl die Zeit so kurz war
suchte ich nur nach dem einem Ziel
Komm zurück zu mir
denn ich bin ein Nervenbündel meiner Sinne
Rette mich
oder die erotischen Träume
der tragenden Kräfte kommen wieder
Seit ich dich nicht mehr habe

Serenaden der Freude

Tiefe Melodien
Langsamer Rhythmus
Die Möwe spielt mit dem Wind
Gitarren verkleiden die Romantik
Serenaden der Freude
Glück in einer leichten Zeit
Umarmungen beim Tanz
Lieder von südlicher Sonne
Die Beine wollen nicht still stehen
Serenaden der Freude
Im Hinterkopf die Abreise
Das Licht wird dunkler
Die Kapelle spielt ein letztes Lied
Der Kerzen sind verbrannt
Ein letztes Glas
Schleppender Gang zum Zimmer
Freude aus nächste Jahr

Sie ist verschwunden

Verpatztes Rendezvous
Im Streit auseinander
Sie läuft ins Land der Traummänner
Es gibt kein halten mehr
Nun stehe im an kältesten Ort der Welt
Offenes Herz
Ein Schlag gegen die Tür ihrer Wohnung
Sie ist verschwunden
Ich verlasse den vergangenen Ort
schleppe mich durch die graue Stadt
Suche Kneipen
unserer Begegnungen
Viel Wein läuft den Gaumen herunter
Da kommt herein
Unverändert schön
Sie kommt auf mich zu
Ohne große Worte eine Umarmung
Wir verlassen die Bar
gehen in eine heiße Nacht
Vermisst
Wiedergefunden
Bis zur nächsten Meinungverschiedenheit

Sie redet einfach nicht !

Tausend schweigende Worte
stehen zwischen uns
Krampfhaftes Lachen
Unter Kontrolle
Schlechte Erfahrungen
Nachbarin
Ihr Gesicht lässt meine Fragen erstarren
Der Augenblick
im Schleier des Abends
War alles nur ein Traum ?
Keine Erwartung mehr
Erlerntes Spiel
Kein neuer Versuch
Gemeinsamkeiten gleich Null
Umdrehen
Schweres Atmen
Sie spricht nicht mit mir !

Sind die Würfel gefallen ?

Denken wir über uns mal nach
Schauen wir uns die Menschen an
Was können wir daraus schließen :
Sind die Würfel schon gefallen?
Können wir gegen die Monotonie ankämpfen ?
Fragen über Fragen in einer Welt
die uns eigentlich alles beantworten will
Gehen wir in die falsche Richtung ?
Uns wächst alles über den Kopf
Lösungen fallen uns schwer
Sieht man die Welt fragt man sich :
Sind die Würfel schon gefallen ?
Wenn nichts geschieht

Kann man schon auf ein Ende schließen

Speeddating

Kein Halt weit und breit

Alte Brücken

Keine Zweisamkeit

Vorbeifahrende Enthaltsamkeit

Rausch des Lebensmutes

Schnelles Treffen

Gespräche in fünf Minuten

Unsere Herrin gibt acht

Ein schöner Abend

Mancher reibt sich die Hände

begibt sich auf feuchtes Gelände

Vertrautheit vielleicht beim nächsten Mal

Schnelles Treffen

Stillstand

Nichts geht mehr
Keiner will Platz machen
Sture Querköpfe
Bewegung ist Trumpf
Alle sagen es
Keiner macht den ersten Schritt
Stillstand
Menschen wie im Winterschlaf
Irre Gedankenkreise
Fällt jetzt alles zusammen ?
Gesprengte Brücken
Keine schönen Aussichten
Langsamer Kreisverkehr
Im Haus des Wahnsinns
Stillstand
Vergebliches Warten
Wer löst unsere Ketten
Mithelfen
Selber aufstehen
den Stau auflösen
Nötig

Stolz

Materielle Werte
Humaner Einsatz
Sehen wir in unsere Augen
Was sehen wir ?
Spiegel der Seele
Kleiner Zwerg
Fragen an die Psychologen
Wahren Stolz kann man sich nicht leisten !
Talente und Bestimmung
Seine Wege sollte man gehen
Stolz und Leidenschaft
Tägliches Leben
Sichtweisen
Eine andere Welt
Neuer Stolz

Sträunende Liebe

Gefühle wie der erste Mensch
Wir sind wie Romeo und Julia
Doch wir sehen uns nicht
Geschenke suchen den Empfänger
Tasten mit den Augen
von Mensch zu Mensch
Sträunende Liebe
Kein Fixpunkt hält uns auf
Aufstieg und Fall wechseln sich ab
Wandern durch die Samstagnacht
Sträunende Liebe
Nur Liebe im Kopf
Allianzen gibt es kaum
Es ist wie verhext
Wissen wir was Liebe ist ?
Auf meinen Topf passt kein Deckel
Die Reise geht weiter
Eine Tages wird die Richtige vor mir stehen !
Hoffe ich !

Strenge Gesichter

Satte Köpfe
Verbrauchtes Licht
im Haus des Professor Grauen
Man muss alles suchen
in Masken des Horrors
Strenge Gesichter
Erwartung Enttäuschung Glück
Dunkle Haut
Blasse Körper
Harte Gesten
Menschen aus Glas
Endlose Schlangen
Dreck auf der Straße
Die Luft riecht nach billigem Fusel
Ein Lächeln bricht das Eis
Oasen der Heiterkeit
Röntgenaugen verlieben sich
bis zum jüngsten Tag
Glückliche Gesichter

Suche nach dem Glück

Viele Grenzen sind zerstört
Ob sie nun geistig oder leibhaftig waren
Gegensätze wurden abgebaut
Doch auf der anderen Seite
gibt es Menschen die dort aufbauen
Wo sonst keine waren
Man kann nichts dagegen tun
Auf sich selbst geworfen
muss der Mensch jetzt sein
Die Lichter sehen in einer absurden Welt
Die sich selbst durch uns zerstört
Jeden Augenblick genießen
Um später sich an ihm zu nähren
Um in dieser Gesellschaft zu überleben
Weiter bis zum bitteren Ende
Wir fahren gnadenlos in Richtung Tod
Bei so viel Bitterkeit sollte man aber
Keine Abkürzung nehmen
Denn es gibt so viel schönes auf der Welt
Sucht nach dem Glück

Suche nach Wörtern

Buchstaben kreisen im Kopf
Wie durch ein Wunderentstehen
Wörter und Sätze
Immerwährende Wachsamkeit
Ich sperr die Augen auf
sehe die einfachen Dinge
Suche nach Bildern
Atemlos
Stufenlose Begeisterung
Der Körper ballt sich
zum inneren Schrei
Zeitloser Kreislauf
Das Gesuchte aufzeichnen
Alles aufschreiben
Die Quelle des Schreibens
Das materielle Leben hemmt
Ich bleib allein

Suche nach Amelie

Ich durchstreife Paris
auf der Suche nach Amelie
Tolle Erinnerungen an den Film
Hat ihn jeder gesehen ?
Am Cafe vorbei
Viele Frauen sehen ihr ähnlich
Lachen und schmunzeln
Wo ist Amelie ?
Romantische Wünsche
Ich renne gegen zwei Windmühlen an
Montmartre
Blitzende Augen
den Weg hinauf
Eine Suche die wohl niemals endet
Wo bist Du Amelie ?

Südliche Straßen

Hämmernde Musik
Weicher Boden auf dem Weg in den Süden
Wege der Unendlichkeit
Alles ist toll
Raum und Zeit schweben durch die Trockenheit
Roter Lack und glänzender Chrom
Melodien die auf dem Highway liegen
Hinter uns die weißen Strände
Die Träume balgen sich
Wo ist der Zauber der uns verwandelt ?
Das ewige Ziel ist nicht in Sicht
Südliche Straßen
Nasser Asphalt
auf dem Grund des Dschungels
Sonne und Leben
bei sengender Hitze
Alte Steine
Neue Gesichter
Südliche Sraßen

Tausend Meilen weit weg

Weit weg wohnt sie und ist vielleicht allein
mit Gedanken die für mich bestimmt sind
Ich sehe sie ein paar Mal im Jahr
Meine Gedanken laufen auf sie zu
Ausdrücke die ehrlich sind
Ausbrüche an ehrliche Ufer
Vielleicht hat sie mich schon vergessen
Es ist so leicht
über das Mädchen zu sprechen
Wenn es nicht neben einem steht
Es ist schwer über sie weiter nachzudenken
denn tausend Meilen sind zu weit
Ich will sie jetzt nicht später
weil ich ungeduldig bin
Ist das denn zuviel verlangt
Sie ist meine Königin
und die Entfernung muss überwunden werden

Traumbilder

Nur Schein und nicht wahrhaftig
zum Anfassen sind sie nicht geeignet
denn sie sind selten greifbar
Irrsinnige Vergleiche mit der Gegenwart
Eindrücke einer verborgenen Welt
Wir hetzen durch den Alltag
haben die Traumbilder vor Augen
doch selten werden sie real
Wünsche sind dabei vorhanden
doch das Ende sieht immer anders aus
Verbotene Bilder
gegen den Irrsinn des eigenen Seins
bis zum Mittelpunkt
der dem wirklichen Ende
am nächsten ist
      Traumbilder

Unantastbar

Keiner kommt an Sie heran
Nichts von Ihr hat Gültigkeit
Sie hat alles unter Kontrolle
Alles tut Sie mit solcher Kraft
als wäre es Ihr letzter Tag
Bewundernswerte Intensität
dabei ist Sie
       Unantastbar
Sieben Tage in der Woche
Oh ich möchte mit Ihr einmal ausgehen können
Jedes Wochenende die gleiche Tortur
Die Aktien stehen zu hoch für mich
Nun Sie steht auf der Sonnenseite
und ich bin in einem Tunnel
Oh Sie ist so
       Unantastbar
das wird mir jetzt klar
Der Blick muss abschweifen
es geht alles weiter
Die anderen Frauen sind auch noch da
Sie bleibt für mich doch nur
       Unantastbar

Unaufhaltsame Müdigkeit

Der Geist ist schlapp
Der Körper steht sich selbst im Weg
Weltliche Hektik
Freud und Leid beieinander
Unaufhaltsame Müdigkeit
Alltag am Fließband
Fremde Aufträge
Schiefe Gesichter
Verformte Gestalten
Unbekannte Tage
Warmer Winterschlaf
Verhexter Mensch
Statisten wacht auf !
Raus aus der dunklen Nacht !
Das Leben hat noch viel vor !
Es bläst ein menschlicher Wind
Unaufhaltsames Erwachen

Unsere Hände sind gebunden

Kriegspfeile unserer Zeit
zerschießen ein Nachbarland
Sorgen gut für den Tod
Wir sind fast blind
laufen umher mit Plakaten
Nichts ändert sich
Politiker tun nichts wirklich
sichtbares für die Menschen
Schuldig sind wir
Es ist uns kaum bewusst
Man vergräbt sich wieder
wartet auf ein Wunder
mit dem Namen Frieden

Unsere Kreise lichten sich

Umweltgifte und viele Krankheiten
sorgen für eine gute Ernte
      Unsere Kreise lichten sich
Immer nach dem Motto
mich erwischt es nicht
Unfälle und Morde
zeigen es jeden Tag
Wir stehen da und ändern nichts
Ist alles vorbei ?
Wo bleibt die Zuversicht !
      Die Kreise werden enger
Früher waren es nur Andere
dann kamen Klassenkameraden dazu
später traf es Bekannte
Nun befällt der Krebs
gute Freunde
Hoffnung und Leid
kennen keine Grenzen
Doch eines ist fast sicher
      Unsere Kreise lichten sich

Verblendete Wünsche

Verrückte Vorstellungen
Sehen was möglich ist
Glückliche Gesichter
Von Kleinen wie Großen
Verblendete Wünsche
Sinnloser Blick in den Geldbeutel
Wiederholungen
Nebenjob
Schwimmen mit dem Strom
Unbekannte Gewässer
Verwunschene Luftschlösser
Will man zu viel ?
Verblendete Reife
Kleine Geschenke sind leichter
Kurze Freude des Alltags
Glücksgefühle
Empfindungen
Leichtes Herz
Erfüllte Wünsche

Verdammte Erinnerung

Jahre sind seitdem vergangen
Plötzliche Erinnerung
Notwendiges Telefongespräch
wieder die Gedanken
im Meer der verdammten Ereignisse
Gefühlsregen tropft auf den Körper
Magische Namen bekommen wieder Bedeutung
Wie werden wir aussehen in einer verrückten Welt
Der Wasserfall ist bis auf ein Rinnsal geschrumpft
Es fängt alles wieder von vorn an
Bewegte Vorstellungen voll sündiger Lust
ziehen um den Turm der Liebe
Satte Zufriedenheit
Man fühlt sich wie der Auserwählte
Pfeile blitzen
Verkünden Hoffnung
doch die Vernunft siegt
Verdammte Gedanken

Verhexte Liebe

Mal fühle ich mich gut
mal fühle ich mich schlecht
Mal wünsche ich dich weit weg von hier
Es ist so ein Durcheinander in meinem Kopf
lieben und trauern im Wechsel
wie Tag und Nacht
Wird es jemals anders werden?
Ich kann es mir fast nicht vorstellen
Wir brauchen eine endgültige Entscheidung
zwischen uns beiden verrückten Menschen
aber ob etwas zustande kommt
wer weiß es
Wenn sich nichts ändert
das ist wovon
verhexte Liebe lebt

Verloren in der Phantasie

Wir sind verloren in der Phantasie
doch das schützt die Liebenden nicht
Das Blut der dunklen Mächte wird gewinnen
wenn die Revolte des Glücks
die Schatten des glänzenden Metalls
nicht energisch aufhält
Nicht kann dem Augenblick
die Zuversicht rauben
Die Phantasie geht immer mit einem immer durch
Ein Sieg gegen den Computer

Verloren in der Phantasie

Die Kunst nur das Wichtigste herauszulesen
Viel Schmutz beeinflusst unser Gehirn
Die Vorstellungskraft ist kaum noch gefragt
Der Alltag macht müde
Flucht ins Exil der endgültigen Formen
Gefangen im Dickicht der Sinnlichkeit
bis die Kälte alles herauszieht

Im Bann der Phantasie

Vermisste Gedanken

Nicht gemeinte Aussagen
Die Zunge ist nicht blockiert
Alles ist vorbei
Vermisste eigene Hilfe
Orkane fegen durch das Innere
Verletzende Sätze
Entschuldigungen am Ende
Verschluckte Gedanken
Gefühle im Kreisverkehr
Keine Patentrezepte
Nicht alles auf die Waage legen
Menschen sitzen in einem Boot
Gefühlen recht geben
Rechtzeitig bremsen
Aufgestaute Gedanken

Vielleicht

Vielleicht hatte ich Sie
Vielleicht war Sie mir treu
Vielleicht hat sie mir gehört
Vielleicht werde ich traurig sein
Aber die Abwesenheit
kann auch glücklich machen
Sicher bin ich mir nicht
Ich kann nichts dafür
aber die Gefühle wechseln
es ist keine Kontrolle möglich
Vielleicht sendet Sie mir nun
ihre unendliche ehrliche Liebe
dann kommt es zu einem guten Ende
    Vielleicht

Von den Wünschen verschleppt

Träume verwünschen die Person
Sie nehmen sich den ganzen Menschen
und bringen ihn in das Verließ der Sinne
Von den Wünschen verschleppt
Verrückte Fresken an den Wänden
Der Aufbruch ist die Einsamkeit
Was für eine schlechte Lösung !
Tag für Tag
eine Geburt
in die Tiefe der Dunkelkammer
Jede Woche ein Stich ins Herz
Doch eine Frau wird kommen
mit richtigen Schlüssel
für das Eisentor der Dunkelheit
Befreiung für den kranken Kreislauf
Dankbarkeit ohne Paradies
Von den Wünschen verschleppt
Durch die Realität befreit

Von der Heimat träumen

Ausgezogen durch die Blicke der Glückseligkeit
Nasses Papier klebt auf der schwarzen Straße
Die Fremde ist einfallslos
uns bleibt bloß
Von der Heimat zu träumen
Der Sinn des visuellen Lebens
sieht verlebt aus
Die Müdigkeit in der Einsamkeit
lässt die täglichen Wörter sterben
Die Aufruhr bleibt an den Lippen haften
wenn man von der Heimat träumt
Nach einer gewissen Zeit
wenn das Gras gewachsen ist
kommt der Augenblick
wo man zurück kann
ob nun berühmt oder unbekannt
    Von der Heimat träumen

Von Heute auf Morgen

Reißt die Bilder von der Wand
Stürzt die Helden vom Sockel
Die Geschichte machen jetzt wir
Es gibt kein zurück mehr
Seht in das Licht des Mondes
Die Gesichter der Nacht erhellen sich
Die Zeit ist gekommen
Die tiefe Unendlichkeit wird sichtbar
Wir finden uns wieder
Die eisernen Tore werden geöffnet
auf der ewigen Suche
Alles Richtige wartet auf uns
Wir fahren auf den Gipfel der Seele
Lieber Heute als Morgen

Vor dem ersten Treffen

Lichtblick in einer verwirrenden Welt
Liebe und Zuneigung gegen Materialismus
Das wird der richtige Weg sein
Verabredung in der nächsten Woche
Positive Vorstellungen von einer Frau
die man noch gar nicht kennt
Verschwenderische Gedanken
gehen einher mit Hoffnungen und Träumen
Die Tage vergehen schnell
Der wichtige Tag kommt bald
Hoffentlich bin ich erfolgreich
und verhalte mich richtig
      Vor dem ersten Treffen

Vor einem leeren Blatt Papier

Einsam in einer alten Hütte
Ein großer Schreibtisch
Die Feder in der rechten Hand
Vor einem leeren Blatt Papier
Die Wörter kreisen um das Feuer des Unbewussten
Leere Kanonen ohne Stimmen
Einfälle die aus dem Bauch entstehen
Vor einem leeren Blatt Papier
Der Stuhl ist angesägt
vom Zweifel des Selbstbewusstseins
Vor einem leeren Blatt Papier
Die Uhr dreht sich rückwärts
Niemand ahnt die Operation
Die Messer sind gewetzt
Das Papier bewegt sich
Die Geister ziehen um den Tisch
Halluzinationen und Revolte
Die Buchstaben finden sich
Die Feder macht sich selbstständig
Bis die Geburt vorbei ist
Vor einem leeren Blatt Papier

Vorahnungen

Wiederkehrende Situationen
Fremde Häute
Pflicht in die Berührungsangst
Vorahnungen ?
Ein Schema läuft ab
bestätigt sich
Vorprogrammiertes Minus
Deutlich und klar
Selbstverschuldet
Vorahnungen ?
Schutzwälle gegen böse Überraschungen
Wozu der Aufwand ?
Auch ein tiefer Sturz endet !
Unbelastet in den Kampf
Freude des Lichts
Ausschalten des Verstandes
Freundliche Tage
Neue Horizonte
Positive Ahnungen

Wann das Ziel erreicht ist

Wenn man zu Hause ist
die Familie mit den Kindern da ist
kein Streit noch vorhanden ist
und die Familie sicher für die Zukunft
gerüstet ist
Dann ist das Ziel erreicht
Wenn etwas in dieser Welt
von uns haften bleibt
Wenn wir uns sagen können
wir halfen fremden Menschen in der Not
Dann können wir einfach einschlafen
Es ist das Ziel erreicht !

    Am Ende der Reise
Alles ist gepackt
Ein letzter Weg zum Meer
Kurze Atemzüge noch
dann geht es los
Gedrückte Stimmung
Das Ende der Reise

Warten auf den Winter

Die Tage werden feucht
Die Nächte werden kälter
Fliehen in die Sonne
Gefahr droht auf den Straßen
Warten auf den Winter
Der vielleicht keiner sein wird ?
Die Festtage kommen bald
Ein fester Punkt
im Gefüge des Jahres
Dunkle Abende
sollte man nutzen
daheim etwas sinnvolles tun
Die Natur schläft fast
Die Igel legen sich zur Ruh
Wird der Schnee die Landschaft erobern ?
Spät kommt der Frühling
Alles Leben wird wieder erwachen
Ich freue mich drauf
Warten auf den Winter

Warum bin ich weggelaufen ?

Kaputte Straßen
Fremde Ideen
Ein dreckiges Zimmer mit Blick auf eine Mauer
Fackelnde Lichter
in der unbekannten Neonstadt
Den ganzen Tag auf den Straßen
ohne Hoffnung auf Arbeit
Erschöpfte Rückkehr mit der bitteren Frage:
Warum bin ich weggelaufen ?
Ist es daheim nicht besser als hier ?
Dieser Zustand ist der Preis der Freiheit
Ewiges Gelaber von Personen die keine Ahnung
haben und über einem stehn
Gewalt an jeder Straßenecke
Darum bin ich weggelaufen !
Das warten auf die neue Zukunft ist endlos
Soll ich wieder weg ?
Die Gedanken befinden sich in der Schwebe
bis der innere Schweinehund nachgibt
Die Rückkehr wird nicht mehr weit sein
Warum bin ich dann bloß weggelaufen ?

Was für ein Auftritt !

Ein Mann und eine elegante Frau
betreten das Lokal
Harte Augen betrachten die Umgebung
Die Kellner springen um sie herum
Man kennt sich
Scherze
Das Paar setzt sich an den besten Tisch
Schnelle Bestellung
Was für ein Auftritt des Patrone
Wichtige Personen
Überfreundliche Begrüßungen
Kurze Gespräche
Was für ein eitles Verhalten !
Das wiederholt sich jeden Tag
Versteckte Beobachtungen
Das Essen wird gestürzt
Die Getränke heruntergespült
Sehen und gesehen werden
Eitle Menschen
Paris
Was für schlechte Auftritte !

Was habe ich getan ?

Ich verstehe mich selbst nicht mehr
Ich bekomme nichts was ich möchte
Schöne tage mit bitterem Nachgeschmack
Was habe ich verbrochen ?
Die Chancen ziehen vorbei
Keine Liebe neu zu erobern
Die Kette hält den Hund zurück
Irgendwie muss ich durch den Tunnel
renne dem Licht entgegen
auch wenn ich nur an dritter Stelle bin
Was habe ich denn getan ?
Die Füße werden schwer
Der Tanz geht zu ende
Abstand zwischen den Menschen
Warme Veränderung
Was werde ich tun ?

Was habe ich getan ?

Ich verstehe mich selbst nicht mehr
Ich bekomme nichts was ich möchte
Schöne Tage mit bitterem Nachgeschmack
Was habe ich verbrochen ?
Die Chancen ziehen vorbei
Keine Liebe neu zu erobern
Die Kette hält den Hund zurück
Irgendwie muss ich durch den Tunnel
renne dem Licht entgegen
auch wenn ich nur an dritter Stelle bin
Was habe ich denn getan ?
Die Füße werden schwer
Der Tanz geht zu ende
Abstand zwischen den Menschen
Warme Veränderung
Was werde ich tun ?

Was ist der Sinn des Lebens ?

Vielleicht bin ich verrückt
Wenn ich über uns nachdenke
und mich frage
Was ist der Sinn des Lebens ?
Talkrunden und Bibelfernsehen
Thementage und Straßenstände
Alle fühlen die eigene Wahrheit
Eine gültige Antwort gibt es nicht
Fragen überhäufen sich
Sucht alle nach eurem Sinn
sonst geht ihr kaputt
Dies ist der Sinn des Lebens

Was ist Kunst ?

Sich die Freiheit nehmen wo keine ist
Anders sein als die üblichen Mitbürger
Etwas Zeit stehlen für ein Werk
ohne Hoffnung auf Anerkennung
So leben wie es einem gefällt
Die Spur der Biografie gehen
ohne übrige Mitläufer
Bewusste Gefühle
Es allen Menschen zeigen
Die eigene Identität fassen
Die Suche nach dem Sinn vieler Dinge
nicht immer sofort aufgeben
Ungerechtigkeit beim Namen nennen
Gegen Gewalt und für die Freiheit kämpfen
Das sollte die Kunst sein

Was ist passiert ?

Noch vor kurzer Zeit
pfiffen wir die gleiche Melodie
Die Körper wogen sich in den Wellen
Wir lassen uns hängen
Kein Lachen
Keine Berührungen
Disharmonie
Trübe Aussichten
Was ist uns passiert ?
Der Liebesmotor stottert
Bin ich ein Reserverad ?
Wir bauen das Zelt ab
Sprechen nicht miteinander
Ist die gemeinsame Geschichte am Ende ?
Blicke treffen sich kaum noch
Wünsche sterben schnell
Was ist passiert ?
Ein Lagerfeuer am Strand
Nun bin ich überflüssig
Ein Schaf unter Wölfen
Der Held im Herzen ist unsicher
Urlaubsliebe
Abreise
Es war schön !
Was ist geschehen ?

Was uns schwerfällt

Im Angesicht der Ohnmacht
fällt es schwer
sich über etwas zu freuen
Mitgefühl für andere Mitbürger
Empfinden und zeigen
Über den Schatten springen
Berge vor uns
nicht unüberwindbar
Auf den Neid verzichten
Das und noch vielmehr
fällt uns schwer
Ändern und Abstellen
Sonst weiß man nicht
was noch passieren kann
Das fällt uns schwer

Wege durch die Satellitenstadt

Der Spielplatz ist dreckig
Die Geräte verrostet
Die Wände sind mit Sprüchen besprüht
Ganze Sätze zeigen den Bürgerprotest
Die Anonymität sagt uns
Ich bin so frei
Ein Liebespaar zwischen den Hochhäusern
Hand in Hand
Die Umgebung scheint egal zu sein
Herzen treffen ins Schwarze
Andere Wege durch Vororte
Die Liebe bringt sich ins Zentrum
des neuen Urknalls
zwischen Wolkenkratzern
Verlangen wir zu viel ?
Die Straße führt weiter ins Chaos
Die grüne Lunge
kommt nach vielen Kilometern
Das Paar hält sich immer noch die Hände
Es gibt einen Weg hinaus !
Die Unschuld der Kulturen wird begraben !
Satellitenstädte

Wenn ich das wüsste

So habe ich mich noch nie gekannt
Was für eine verzwickte Situation
Wenn etwas so unerwartet kommt
fällt der Einspruch schwer
Wann gehen die harten Zeiten vorbei
Viele Namen ein Blick zurück
Wo sind die Dramen der Stärkeren
Die Eintrittskarte ist abgelaufen
Tätigkeiten werden zu schlechten Bedürfnissen
       Wenn sie das wüsste
Dokumente werden gehortet
Worte sind eingehämmert worden
in den Bildern die so alt sind
Äußerungen werden wohl überlegt
weil Sie alles wissen könnte
Was weiß man schon
wenn man nicht weiss
ob man geliebt wird ?
Oh   Wenn Sie das wüsste
Die Pipeline der Emotionen ist unterbrochen
Die Suche nach der defekten Stelle
dauert schon Jahre
Es entsteht die Ahnung
die Linie ist für immer unreparierbar
Briefe sind geschrieben worden
und landeten im Papierkorb
Jemand muss Ihr alles erzählen
Ich werde es nicht sein
       Wenn sie alles wüsste

Wenn ich Gedichte schreibe

Eindrücke die überwältigend sind
Erschütternde Fragen die zutiefst
beeindrucken und bohren
Bewundernde Worte
in einem See voller Gefahren
Was hätte man nicht alles gerne
Nur kleine Träume sind erfüllbar
Plötzliche Einfälle
alles fällt mir zu
Eine neue Antwort kommt
Worte sagen viel und doch nichts
sie geben zu Spekulationen anlass
Endgültig ist nichts
Wenn ich Gedichte schreibe

Wenn ich glücklich bin

Wunderbares Prickeln
Schlechtes ist so fern
Zeit vergeht schnell
wenn ich glücklich bin
Aber ich denke auch an die Menschen
denen es nicht so gut geht
Verrückte Gedanken kommen und gehen
Wenn ich glücklich zu sein scheine
So bewältige ich den Alltag
durch das Schreiben
Um besser zu verstehen
Wenn ich glücklich bin
Nur der Zustand wird nicht lange anhalten
Das weiß ich genau
wenn ich mich freue
erinnere ich mich an die Zeit
Wann ich einmal glücklich war

Wenn sie hier ist

Kurze Zeiten für die Freudigkeit
wenn die schlechten Phasen auf einen zu
kommen
Minuten werden wie Rosinen herauspickt
Für den Außenstehenden unverständlich
        Wenn Sie hier ist
Mal möchte ich überall dabei sein
oder mich wie ein Maulwurf eingraben
        Wenn Sie hier her kommt
Vielleicht will ich der Wahrheit aus dem Weg
gehen ohne es zu wissen
Es ist auch gut so
um etwas bleibendes zu hinterlassen
        Wenn Sie hier ist
Kaum bleibt Zeit um mit ihr alleine zu sein
Zwei Kometen auf der selben Bahn
ohne sich zu berühren
Nun zieht der Schweif noch lange hinterher
        Wenn Sie wieder weg ist
und die Batterie sich entladen muss
bis zur Wiederkehr von Ihr

Wie ein Kuss der Himmels

Aus dem Haus des Wahnwitzigen geflüchtet
wandern wir ruhelos umher
Die Erinnerung hat die Ketten gelöst
Flucht aus den Träumen
Erlebte Freude und Zuversicht
Wie ein Kuss der Zweifels
Die Welt kennenlernen
mit einem Lächeln auf den Lippen
Hoffnung der Zweisamkeit
Aufflammen
Wie ein Kuss der Sonne
Hinein ins Gewühl des Schlussverkaufs
Wo bleibt mein Engel ?
Suche kostet Kraft
Wie der Kuss des Lichts
Man spürt das glückliche Ende
vertreibt die Zweifel
sonst gewinnt man nichts
Leben in der Achterbahn
Ohne Ausgang ?
Blauer Zenit
Zärtlichkeit
Ich habe es geschafft !
Ein Kuss des Himmels

Wiederkehr einer Liebe

Die Bilder wie früher
Die alten Situationen wie gestern
Keine Gespräche ohne Schuld
Die Unsicherheit macht krank
Soll man sich fragen :
Bin ich bekümmert?
Keine Trübsal blasen
die Welt ist groß
und das fremde Leben
ist eine schöne Sehenswürdigkeit
Warum soll man ein gutes Gesicht machen
Monotone Schläge
auf Herz und Nieren
Was kehrt alles zurück ?
Werde ich nun die wahre Liebe finden ?
Wiederkehrende Grausamkeit
bis alles vorbei ist
Gewinn oder Verlust
das muss man selbst entscheiden

Winter in der Wüste

Kalte Einsamkeit
in der Nacht des Halbmondes
Unendliche Dünen
Graue Wolken am Horizont
Geahnte Trockenheit
zu jeder Jahreszeit
Schatten auf dem Sand
Winter in der Wüste
Die Nacht wird eisig
Insekten erzählen ihre Geschichten
Landschaft gnadenlos
Winter in der Wüste
Morgen ein Ritt auf einem Dromedar
Frierende Hände
Unglaublicher Müll
Touristen in den Dünen
Leben in der Wüste
Sommer wie Winter

Wir haben keine Freiheit

Wo wir stehen oder gehen
brechen wir Gesetze und Verordnungen
Ohne Schuld ist niemand
viele sind vom Weg abgekommen
Wir sind abhängig vom Kapital
Was bleibt ist die innere Heimat
die sich nicht nehmen lässt
Durch unsere Gleichgültigkeit
sind wir zu Mördern geworden
Haben wir einmal Probleme gelöst
so kommen andere hinzu
Es ist zum verzweifeln
Die Hoffnung darf uns nicht entschwinden
Einmal ist der Endpunkt erreicht

Wo bleibt der Engel ?

Die Zuneigung der Sonne ging verloren
Welcher Engel holt uns hier raus ?
Worte stauen sich auf
Das Gefühl muss raus !
Der Orkan tobt über das Land
Was für ein Engel wird sich uns nähern ?
Worauf sollten wir sauer sein ?
Minuten bedeuten die Welt

Wo ist der Engel ?

Der uns im Nacken sitzt
Das Lachen des Unwissenden
zerstört die Ordnung des Chaos
Verbrauchte Wärme breitet sich aus
Nichts ist in Sicht
Aus dem Erlebnis der Errettung wird noch nichts
Der schwarze Horizont zeigt
auch noch kein vereinzeltes Licht

Wo bleibt der Engel ?

Kommt er nicht
nehmen wir alles selber in die Hand !

Wünschen

Wünschen
das ich Dich endlich sehe
Träumen
über eine bessere Zeit
überall hingehen wohin man will
alles spüren was man kann
dies ist heute passiert
Menschen die sich nicht kennen
fallen sich in die Arme
Reisen bis an Ende der Welt
Alles ist so unfassbar
Man geht durch die Mauer
als sei sie Butter
Nichts geht mehr
Wünschen
das dieser Tag niemals aufhört
Träumen
von einer nun kommenden Zeit
Nichts bleibt so wie es war
die Hoffnung nach mehr bleibt

Zärtliches Streicheln

Beide Stimmen schweigen sich harmonisch an
Hände gleiten über Wangen
Zärtliches Streicheln
Gemeinsame Sehnsucht nach der einsamen Insel
Zitternde Haut in der Kälte des Winterabends
Minuten verstreichen
die der Schneefall anzeigt
Die Uhren gehen anders
Zärtliches Lachen
in der Glut der weißen Jahreszeit
Minusgrade
Menschenwärme
Begleitung bis ans Haus
am Ende der Straße
Ein langer Kuss
Verabschiedung
Er geht voller Freude
seines Weges
Bald die nächste Verabredung
Unerlässliches Streicheln

Zeitenschaukel

Ewiges auf die Uhr schauen
Ungläubiges Staunen
Arbeit wirft uns nach vorne
Die innere Uhr geht schneller
Die Zeit will nicht weiter
Viele Biographien
bleiben unbekannt
Nostalgische Verdrängung
Leben was nie gelebt wurde
in den Tagen die nie anbrechen werden
Die Zeit arbeitet nach hinten
Minuten als Vorstellungsgespräch
Die Freizeit bleibt verantwortungslos
Das Stadium ist nicht mehr tageslichtauglich
Gezeitenschaukel

Zeitverschiebung

Das digitale Leben will nicht weiter
Mechanisches Innehalten
Im Schoß der verbrauchten Ruhe
Menschliche Schneckenhäuser
Eine Sekunde im Takt des Kolibris
Neue Wahrnehmungen
Zornige Blicke
Augen im kalten Licht
Unverbesserliche Geschichte
Blasen an den Füßen
Lungen schnaufen durch
Die Hetze des Geldes geht weiter
bis zu den wärmenden Farben der Nacht
Motorisierter Autobahnverkehr
bis zur Feuchtigkeit der Erde
Reifeprüfung

Zu jeder Jahreszeit

Das Werden darf nicht schwerer sein
als das Sein des Lebens
schmeichelhafte Geborgenheit
durchzieht die Behaglichkeit des reinen
Wirklichen Gefühls
Leben heißt an Notleidende zu denken
innerliche Gefühlsausbrüche die verrückt
erscheinen
Keiner versteht den Anderen
Eine gewisse Schuld haben wir alle
müssen sie mit unserem Gewissen vereinbaren
Bestimmte Bilder durchziehn die Jahreszeiten
Warum muss das Leben in geordneten Bahnen sein
durch die Gesellschaft gezwungen
Mit Zuversicht durch das Leben gehen
      Zu jeder Jahreszeit

Zum Tod des Hasen

Er ist begraben in der regennassen Erde
Die Tränen fließen nach innen
Zehn Jahre war er ein Begleiter im Käfig
Er wir uns fehlen
Der Himmel weint
und hat das kleine Lebewesen auf genommen
Ist er vielleicht im Paradies ?
Ein unbedeutender Tag
wird besonders benotet
Der Schlaf tut gut
wenn das Leiden vorbei ist
Der Hase hat es geschafft
und doch den Kampf verloren
Ein Stück des Lebens beraubt
und doch verzweifeln wir nicht

Zum Tod des Hasen

Inhaltsverzeichnis :

Das Herz klopft an die Hintertür
Das ist mein Schicksal
Das Tier im Menschen
Das wird der richtige Weg sein
Der Clown lacht nicht mehr
Der Geschichtenerzähler
Der moderne Mensch
Der Schatz der Zuversicht
Der Schrei in mir
Der Tag soll endlich vergehen
Der Verlauf der Liebe
Der Wachturm
Der Wahnsinn der Welt
Der Zug fährt aus dem Tunnel
Die abgezählte Zeit
Die alten Erinnerungen
Die Angler und der Fluss
Die Beichte
Die Fesseln sind gelöst
Die große Unruhe
Die große Verfolgung
Die Kehle schnürt sich zu
Die kleine Nicki hat geheiratet
Die letzte Saison
Die Metro von Paris
Die Nacht die kommt
Die Rückkehr von ihr
Die Stille des Moments
Die Zeit ist reif
Die Zeitenreiterin

Ein einsamer Musiker

Ein großer schwarzer Raum

Ein Jahrhundert ist Tod

Ein langer Abschied

Ein Luftzug für die Menschlichkeit

Ein Ort am Ende des Weges

Ein schmutziges Spiel

Eine natürliche Sache

Eine ungeschriebene Geschichte

Ende einer Liebe

Erinnerung in Ketten

Erleichtert

Es hat sich erledigt

Es ist an der Zeit

Es ist schon gut

Es ist schon verrückt

Es klappt wieder nicht

Es kracht überall

Falscher Alarm

Fastfood auf der Prachtstraße

Faszination der Nacht

Fixpunkt der Zeit

Flüchtige Begegnung

Fühlen denken träumen

Galerie der Träume

Speeddating

 Verhüllte Kreaturen

Gesichter einer Stadt

Göttin des Tempels

Halbe Liebe

Herbstgedanken

Herz und Gefühl

Heute im Fernsehen

Hier und Heute

Hochgradig verseucht

Höhlenbewohner

Ich gehe mit 101

Ich kann nicht zurück

Ich sehe in mein Glas

Im Augenblick der Dunkelheit

Im Dschungel der Liebe

Im Haus der heutigen Zeit

Im Kreislauf

Im Schilderwald

Im Sumpf der Angst

Im Untergrund der Sinne

Im Wendekreis der Sterne

In den Katakomben des Gehirns

In den Kurven der Einsamkeit

In der Nacht der Nächte

In der Nacht und am Tage

In der Quelle der eigenen Kraft

In einem fremden Land

In einer Innenstadt

In einer nasskalten Nacht

In Paris angekommen

In Paris steht die Zeit still

Insel der Freude

Ist das alles

Ist das wirklich alles möglich

Jahreswende-Lebenswende

Kein Anruf

Kein Zeichen der Vorsehung

Keine Zeit

Königin der Nacht

Königin des Herzen

Kurz vor Mitternacht

Lasst uns gehen

Lebensroulette

Liebesfieber

Liegen auf dem Nagelbrett

Lust nach der französischen Hauptstadt

Manchmal steht die Zeit still

Markt der Gefühle

Mattes Spiegelbild

Meer der Tränen

Mein Paris

Nachts am Meer

Nadja

Neubeginn

Nicht mehr weinen

Nicht vergessen

Nico

Nur der Einsame

Nur ein Versuch

Nur mal schnell die Zeit anhalten

Nur mir selbst

Pause in einem Strandcafe

Pessimistische Träume

Platz des gelben Lichts

Regen in Paris
Reise ins Ziel
Reiten in die Ewigkeit
Rückkehr zur Verrücktheit
Ruhelos
Scalli
Schritte auf dem Asphalt
Seelenfilialen
Seit ich dich nicht mehr habe
Serenaden der Freude
Sie ist verschwunden
Sie redet einfach nicht
Sind die Würfel gefallen
Stillstand
Stolz
Sträunende Liebe
Strenge Gesichter
Suche nach dem Glück
Suche nach Wörtern
Suchen nach Amelie
Südliche Straßen
Tausend Meilen weit weg
Traumbilder
Unantastbar
Unaufhaltsame Müdigkeit
Unsere Hände sind gebunden
Unsere Kreise lichten sich
Verblendete Wünsche
Verdammte Erinnerung
Verhexte Liebe

Zu diesem Buch :

 Diese Gedichte sind in den letzten 25 Jahren geschrieben
worden.
Sie handeln von Liebe, Trauer und Erinnerungen.
Autobiographische Lebensbeobachtungen.

Zur Person :

Tibor Bergmann , 1967 *in Hildesheim geboren schreibt seit
langer Zeit Gedichte und Kurzgeschichten.*